EL
ARTE DE
DIRIGIRSE
Y DIRIGIR

CONSTRUYA EL LIDERAZGO
EN SU INTERIOR

MARIO BORGHINO

EL ARTE DE DIRIGIRSE Y DIRIGIR

CONSTRUYA EL LIDERAZGO EN SU INTERIOR

Grijalbo

EL ARTE DE DIRIGIRSE Y DIRIGIR
Construya el liderazgo en su interior

© 2004, Mario Alberto Borghino Ibarra

Primera edición para EE.UU., 2007

D. R. © 2007, Random House Mondadori, S. A. de C. V.
    Av. Homero No. 544, Col. Chapultepec Morales,
    Del. Miguel Hidalgo, C. P. 11570, México, D. F.

www.randomhousemondadori.com.mx

Comentarios sobre la edición y contenido de este libro a:
literaria@randomhousemondadori.com.mx

Random House Inc.
        ISBN-13: 978-0-307-39135-3
        ISBN-10: 0-307-39135-3

Impreso en México / *Printed in Mexico*

Distributed by Random House, Inc.

ÍNDICE

ÍNDICE

Introducción

La decisión de escribir este libro fue un punto determinante y la labor de convertirlo en realidad ha sido uno de los aprendizajes más extraordinarios de mi vida. Después de treinta años de impartir conferencias, el incursionar en un mundo desconocido y plasmar mis ideas en un texto fue un proceso de autodescubrimiento y de crecimiento personal que ha valido la pena.

Este libro se lo debo a las miles de personas que me han demostrado su afecto y su amistad, que me han escuchado durante tres décadas en mis conferencias o en mis entrevistas en Monitor o que han leído alguno de los artículos que escribo con gran esmero en muchas revistas y periódicos. Por tal motivo consideré importante escribir acerca del liderazgo, tema en el que he invertido una buena parte de mi tiempo y que he investigado a lo largo de mi carrera.

Al leerlo quizá se pregunte si en este libro hablo de liderazgo o de desarrollo personal. Pues bien, quiero confesarle que abordo ambos temas. Me resulta muy difícil separarlos ya que uno es consecuencia del otro. Como todo principio, el desarrollo personal antecede a nuestras habilidades de liderazgo. No podemos trabajar en las hojas de los árboles de la vida si no trabajamos en las raíces de nuestro ser, en los *paradigmas* o modelos que conforman nuestras conductas. Por ello, al analizar nuestro ser podremos cambiar nuestro hacer, y esto es fundamental para aprender las conductas del liderazgo.

Por tradición los libros sobre liderazgo lo han enfocado desde la perspectiva exterior, en las hojas, en las ramas y no en la raíz. Se orientan sólo a las conductas observables de los líderes: cómo trabajar en equipo, cómo motivar a sus colaboradores y cómo tomar decisiones, todas descriptivas del líder pero que no conducen al lector a descubrir cómo se construye el liderazgo en su interior. Aquí me referiré al proceso de pensamiento interior que producen esas conductas en el mundo de los negocios. Lo invitaré a que las aplique con persistencia y progresivamente se volverán parte de usted mismo. Después de todo, ¿de dónde provienen los resultados, sino de una forma correcta de pensar del líder?

El crecimiento de un líder también es fruto de su propio crecimiento personal y no lo contrario. En la medida que el ser humano aprende a guiarse a sí mismo construye las cualidades para dirigir las conductas de los demás. Durante años hemos escuchado que los líderes son, entre muchas otras cosas, carismáticos, que saben dirigir a la gente y motivar a sus colaboradores. Tales conductas observables sólo pueden provenir de su forma interior de pensar, de sus paradigmas. Estos temas son los que desarrollaré en este libro.

Todo lo que nos sucede define quiénes somos y cómo pensamos. Nuestros éxitos y fracasos como líderes provienen de nuestras decisiones ante la vida, que se traducen en resultados y nos definen. El liderazgo es un proceso de autodescubrimiento que conforma nuestra identidad, visión y sentido de propósito e induce a que intencionalmente desarrollemos ciertas actitudes y comportamientos hacia el desarrollo de nuestro liderazgo. Esa capacidad y voluntad de actuar permite que los seres humanos construyan resultados al ejercer liderazgo sobre su vida e influyan en la vida de sus seguidores. Al final del camino la vida nos preguntará qué hemos hecho con ella, nos pedirá que rindamos cuentas de nuestros resultados.

Al final debemos comprender que hay un principio que rige nuestras vidas y que para dirigir a otros es necesario saber dirigirnos a nosotros primero. No podemos influir en los demás si no sabemos influir en nosotros primero. Este principio gobierna su capacidad para producir resultados por medio de otros.

La historia siempre recuerda a los líderes por el tamaño de los resultados obtenidos y no el de sus buenas intenciones.

PRÓLOGO

Cómo piensa y cómo actúa un líder

En este libro encontrará dos etapas de análisis del liderazgo. Una primera parte lo llevará a la reflexión de las conductas y los paradigmas que debe construir en su mente para desarrollar su comportamiento como líder. En mi experiencia como asesor de miles de líderes en empresas nacionales, internacionales y gubernamentales, aquellos en altos cargos del gobierno, diplomáticos, gobernadores y el presidente de un país, he confirmado que el liderazgo es una forma de pensar, no una posición. Por tal razón no se necesitan altos estudios académicos para dirigir masas, sino la forma de pensar correcta que le permita actuar correctamente como líder. En consecuencia, un niño, un joven o un campesino y un universitario con maestría pueden ser líderes si su mente tiene los paradigmas correctos que rijan sus comportamientos. Tomando esto en cuenta, aquí se le presenta una etapa que lo llevará por el análisis interior de la manera como un líder piensa (capítulos 1 al 5) y otra de cómo un líder actúa en el mundo de los negocios (capítulos 6 al 11). En el capítulo 12 se concluye y resume el perfil de los líderes.

Asimismo, al final de cada capítulo contará con una autoevaluación y un perfil global de usted como líder. El propósito es ayudarle a definir un plan correctivo en aquellas conductas y paradigmas que al leer este libro descubra que debe cambiar para mejorar su perfil actual de líder.

Si lo desea puede realizar su autoevaluación en línea a través de nuestra página de internet: www.borghino.com.mx

11

La lección de los árboles de olivo

El proceso de transformarse en líder que encontrará en este libro se basa en un principio que rige todos los órdenes de la vida: ciertas cosas anteceden a otras para que logremos los resultados. La transformación personal hacia el liderazgo es producto de una evolución de su forma de pensar. Es un principio tan natural como el de que no es posible cosechar sin antes sembrar.

Este principio lo observé con un buen amigo que plantó en su campo árboles de olivos cuyos frutos recolecta y vende todos los años. Un día percibió que algunos olivos tenían hojas marchitas y sus brotes muy pobres, en comparación con lo normal. De inmediato procedió a fumigarlos y cuidarlos con esmero. Incluso los protegió contra las hormigas y los pájaros que comen los frutos. Pasaron las semanas y la situación no cambió. Se preguntaba: "¿Qué tipo de extraña plaga tendrán que no puedo eliminarla?". Por fin cortó unas ramas y las llevó a un especialista para que las analizara. Al verlas éste le comentó que no estaba seguro de qué era, pero que revisara en las raíces de los olivos ya que en ocasiones se crían unos gusanitos blancos que se las comen. De inmediato regresó a su campo y cavó debajo de los árboles para ver sus raíces hasta que encontró que en varios de ellos había estos gusanitos que se alimentaban de las raíces. Entonces se dijo: "De nada servía cuidar las hojas si el problema estaba en las raíces".

Su expresión me hizo pensar que lo mismo sucede en nuestra vida personal y profesional. Si uno quiere cosechar los frutos, los resultados en la vida, debemos primero cuidar las raíces que originan nuestras conductas. En el liderazgo esto también se cumple: si queremos ser líderes debemos cuidar las ideas, que son las raíces de nuestras conductas como tales. Si usted no desarrolla los pensamientos correctos, no importa cuántos cursos de liderazgo tome para aprender técnicas para manejar personal o motivar grupos; las técnicas son irrelevantes en las relaciones con los demás. Lo que necesita son formas correctas de pensar para que pueda lograr los resultados que espera. Ésta es la razón por la cual este libro se divide en dos secciones: "Cómo piensa un líder " y "Cómo actúa un líder".

PARTE 1

Cómo piensa un líder

1. LA INFLUENCIA DEL ENTORNO EN NUESTRAS CONDUCTAS COMO LÍDERES

¿Qué puede esperar de este capítulo?

En este capítulo usted:

1. *Encontrará respuesta a la pregunta: ¿por qué es tan difícil ser líder de nuestra propia vida?*

2. *Identificará cómo la educación formal que recibimos limita el desarrollo de nuestras conductas de liderazgo.*

3. *Conocerá por qué la integridad personal es la fuente de su poder.*

4. *Conocerá por qué las creencias que tiene acerca de su vida pueden limitar su crecimiento como líder.*

5. *Encontrará la respuesta a la pregunta: ¿por qué somos tan individualistas si el éxito del liderazgo radica en la mentalidad colectiva?*

6. *Identificará las conductas destructivas que desarrollamos para defender nuestros intereses por encima de otros.*

8. *Conocerá por qué somos tan competitivos y tan poco cooperativos si los resultados del líder son producto del conjunto.*

9. *Identificará que la cultura de escasez con la que se nos educa destruye nuestra potencialidad para transformarnos en líderes.*

15

El ser humano no vive sólo para ser feliz individualmente sino también para realizar cosas en beneficio de la humanidad.

HARRY TRUMAN

Las creencias construyen las conductas del líder

Muchas personas se preguntan: ¿por qué no alcanzamos el éxito que anhelamos? ¿Por qué es tan difícil conseguir los resultados que queremos? ¿Por qué tantos ven la vida como un gran sacrificio y pocos la consideran como una oportunidad? ¿Por qué el camino es tan azaroso?

En mi larga experiencia como consultor impartiendo conferencias en más de doce países a miles de personas, he escuchado una y otra vez voces de inconformidad por múltiples razones: algunos piensan que su modelo de vida no se parece al que siempre han ambicionado o se desempeñan en un trabajo que no eligieron; otros no están conformes con su vida familiar, o su carrera profesional no es la que anhelan y su insatisfacción es permanente. Muchos de estos sentimientos de inconformidad se presentan sin importar el dinero que hayan acumulado. Parece que nuestras intenciones viajan en un carril diferente al de nuestros resultados cotidianos y ello afecta en profundidad nuestra autoimagen.

Por lo que he podido comprobar, la mayoría de las personas vive una realidad diferente de lo que su voz interior les dice, una felicidad a medias, un sentido parcial de realización.

Muchos anhelan una realidad que con el transcurso de los años se transforma en un ideal lejano en varias áreas de la vida. ¿Qué hay en nosotros que a, pesar de saber lo que queremos, nos cuesta tanto trabajo llegar a ello? ¿Por qué algo que anhelamos tanto se nos desvanece entre las manos?

Me pregunto: ¿será posible que el ser humano no sea capaz de definir un objetivo en la vida y luego hacerlo realidad? ¿Será posible que no podamos ser líderes de nuestro propio destino, construir una visión vital y luego desarrollar la habilidad para lograr lo que representa nuestra realización y felicidad?

¿Tendremos por naturaleza que ser víctimas de las circunstancias? ¿De la suerte o la casualidad? ¿Vivir una realidad condicionada por las situaciones y terminar siendo o haciendo de la vida cualquier cosa excepto lo que hemos anhelado?

16

¿Deberemos conformarnos con lo menos de la vida si contamos con el potencial natural para ser superiores? ¿Vivir con la dualidad interna entre lo que deseamos y lo que obtenemos?

¿El liderazgo será un don de pocos, de algunos elegidos, con una inteligencia superior, de los que tienen la oportunidad de dirigir su vida y producir resultados acordes con su visión de la misma?

Por suerte no es así. Los estudiosos del comportamiento humano coinciden en que los seres humanos nacemos dotados de los recursos necesarios para alcanzar nuestros propósitos más anhelados.

Los seres humanos somos las criaturas más inteligentes de la Tierra. Ningún otro animal posee los mismos dones. Podemos concluir, como lo expresa el afamado escritor Anthony de Mello, que: "lo que limita nuestro logro de resultados no es lo que somos sino lo que creemos que somos". Con los años construimos creencias que limitan nuestro crecimiento, que requerimos cambiar para obtener resultados reales. En una cárcel el carcelero es quien tiene las llaves. Sin embargo, en lo que se refiere a nuestra mente, ésta está encerrada por las ideas que aprendimos y somos nosotros los poseedores de las llaves para liberarnos de ellas; esto lo ilustró de una manera magistral Miguel Ángel, al plasmar en el techo de la Capilla Sixtina un corazón con una cerradura que sólo se abre por dentro. La solución es un proceso que nace de nuestro interior.

Los psicólogos han confirmado una y otra vez que nuestras conductas no se heredan, sino que hemos sido influidos por eventos del pasado y por los llamados maestros sociales: la familia, la sociedad, el medio ambiente y la escuela. En cambio, los animales son producto de su código genético, imposible de cambiar. Mi perrito Toby nunca será más inteligente que sus padres, pero nuestros hijos sí serán superiores a nosotros, nos guste o no. Esto lo visualizó Sócrates: "La cualidad más destacable del ser humano es su capacidad de transformar en realidad lo que él desea ser".

Nuestra vida es producto de nuestras decisiones, no de las circunstancias. Es necesario entender cómo la construimos y tomar conciencia de que lo que nos limita no es ella sino la forma como le respondemos.

La falta de comprensión profunda de este principio nos lleva a juzgar inconscientemente al medio ambiente y a las circunstancias como los causantes de nuestros problemas o limitaciones, pero la realidad es que somos producto de nuestra forma de tomar decisiones. Tal como dice la frase popular, *somos los arquitectos de nuestro propio destino*. Nunca he visto a nadie evolucionar culpando con consistencia a los demás de una vida personal insatisfactoria. Si el ser humano cree que los problemas que padece sólo provienen del exterior, su forma de pensar es justo la que lo envuelve en ellos. Según Max Weber: "La forma de ver el problema es el problema".

La solución es buscar las causas en nuestro interior, cuestionar nuestras creencias, nuestros paradigmas que emergen como una voz interna que guía nuestras conductas ante los acontecimientos del medio ambiente. Para todo progreso humano es indispensable el cambio profundo de nuestras creencias. Si uno continúa haciendo lo que siempre ha hecho, obtendrá lo que siempre ha obtenido. Pero si desea que su vida cambie o sus resultados mejoren, tendrá que redefinir sus creencias. Es muy simple, así como usted piensa, así son usted y sus circunstancias. Las decisiones que ha tomado hasta hoy están basadas en sus creencias personales, mismas que han producido los resultados que hasta hoy ha alcanzado. Para cambiar su futuro deberá cambiar el modelo mental en el que sustenta sus decisiones; de otro modo repetirá una y otra vez su historia y terminará por no alcanzar la plenitud tan anhelada ni sacarle el jugo a la vida.

Mi mensaje es: "No permita que las cosas que no puede hacer interfieran con lo que sí puede hacer". Concentre primero sus conductas en el desarrollo de sus capacidades y talentos y después trabaje en aquello para lo que goza de menos competencias. Aristóteles expresaba que "la victoria más difícil del ser humano es la que debe lograr consigo mismo".

Los líderes construyen el camino

Una verdad incuestionable acerca del ser humano es que la integridad de nuestros actos es la fuente de nuestro poder, más aún cuando se es líder de un equipo de trabajo. El poder surge del reconocimiento colectivo de nuestros actos y la lealtad se consolida progresivamente ante nuestra consistencia. La influencia sobre un grupo sale a la luz cuando sus miembros observan en el líder congruencia entre lo que dice y hace, entre lo que promete y luego cumple. De ahí emanan el poder sobre la gente y la lealtad del grupo hacia el líder y sus objetivos. Por ejemplo, se comenta que Mahatma Gandhi era un individuo que lo que decía, pensaba y hacía era una sola cosa y a eso se debió su enorme poder sobre India.

La fuerza de la integridad es mayor que nuestras palabras; no hay prueba más clara del compromiso de un líder que sus propios actos. El problema más evidente de los líderes actuales es que en su mayoría no son capaces de convertir sus actos en realidad, sino sólo en buenas intenciones, investidas de discursos inspiracionales.

En relación con lo anterior debemos cuestionarnos: ¿vivo la vida como deseo que ésta sea? ¿Soy congruente entre lo que digo que quiero hacer en la vida y lo que en realidad hago con ella?

Ser inconsistente o incongruente entre lo que pensamos y hacemos acaba por convencernos de nuestras incapacidades. Al no cumplir con nuestras promesas, aprendemos que no podemos realizarlas. En repetidas ocasiones hemos confirmado dicha incapacidad, educando a nuestra mente a no poder, a no creer, a temer fallar. Esa falta de congruencia es una costumbre que se transforma en el constructor de nuestra autoimagen y en una profecía que se autocumple y confirma nuestra creencia.

La incongruencia entre lo que decimos que queremos de la vida y lo que hacemos también contribuye a disminuir la confianza en nuestras capacidades. En suma, educamos a nuestra mente a producir resultados parciales y a ser menos. Tales conductas destruyen la capacidad del ser humano de transformarse en líder. Como expresaba el pensador Spencer John, "la integridad del hombre es decirse la verdad a sí mismo al cumplir con las promesas y la honestidad es decir la verdad a los demás".

De acuerdo con Heiky Lampala, un gran autor finlandés, los seres humanos fuimos mejores en nuestra infancia; éramos más tenaces: si no podíamos caminar, gateábamos hasta que un día lo lográbamos. La fuerza nacía de nuestro interior, de nuestro instinto natural, y la persistencia era nuestro vehículo hacia el éxito.

Hoy, en la madurez, un buen número de nosotros tiene registrado que no conseguimos hacer ciertas cosas. El fracaso se ha transformado para muchos en el peor maestro; aprenden que no se puede, viven con la esperanza de que las circunstancias cambien y optan por quedarse agazapados hasta que la realidad dé un giro y resuelva sus problemas. Por tanto, H. Lampala asegura: "los seres humanos no deseamos evolucionar sólo para ser mejores, sino que necesitamos evolucionar para deshacernos de lo que nos hace sentir menos".

Nosotros fuimos mejores en nuestra juventud, sabíamos que el objetivo elegido valía el riesgo, éramos más valientes. Ahora nos damos por vencidos demasiado temprano. Construimos en la mente miedos, temores y poca perseverancia; esperamos el momento propicio para tomar acción, el cual por lo regular no llega ya que esa responsabilidad es inherente al ser humano. Es nuestro destino tomar el control de nuestra vida y no ser presa del entorno, la casualidad, el destino o el miedo al fracaso. El liderazgo se forja con riesgo, valentía y perseverancia; por eso es necesario que revise las conductas dominantes de su vida *hoy*.

Hemos sido educados para no ser líderes

Muchos hemos querido explicarnos de mil maneras nuestra falta de realización en la vida. Algunos recurren a conferencias de motivación, al psicólogo, al astrólogo, a la lectura del tarot o del café, a la vela y a la arena. Salimos a la vida en busca de una receta que transforme nuestra realidad. Con los años he confirmado, de manera reiterada, que casi todas las personas conocen los problemas con los que viven o albergan anhelos durante años. Pero no saben **cómo** resolverlos o llevarlos a cabo. Buscamos una guía que nos dé una orientación mágica y cambie nuestra realidad. En mis conferencias he visto infinidad de veces que la gente viene en busca del **cómo** llegar al destino que conoce o a la meta tan anhelada.

La virtud de los líderes es que conciben **qué** quieren y son excelentes constructores del **cómo**, pues saben producir resultados y ponen en acción sus pensamientos. Son duros, firmes y perseverantes hasta el final, terminan las cosas y cumplen en el tiempo justo y con eficiencia. Para ellos la postergación es el primer paso hacia el fracaso. ¿Es usted de la gente que posterga, que no cumple sus propias promesas o las promesas que hace a otros? De ser así, deberá rediseñar sus *creencias* para fundar en su mente los principios que lo transformarán en un líder de verdad y no producto de la imagen que le fue adjudicada.

La cultura individualista y su efecto en el liderazgo

Una cosa sí sé y es que el liderazgo no se presenta en la soledad, no es un evento creado por la casualidad, no es un resultado espontáneo. Más bien, se trata de un proceso que se construye palmo a palmo, en conjunto con otros y no en el individualismo, el aislamiento o la soledad.

En años recientes se han publicado muchos libros de liderazgo en los que se ofrecen recetas rápidas para ser el mejor, cueste lo que cueste. La idea que sugieren es que vivamos siempre en competencia con otros y la única forma de triunfar es aprovecharse de las debilidades de los demás. No sólo disiento con la moral que proponen estos libros, sino que estoy convencido de que únicamente producen resultados temporales. Si alguien se aprovecha de la gente, si la utiliza, si sospecha de todo el mundo, es probable que alcance gran éxito y seguro que aventajará de manera temporal a muchos y los mirará con desdén. Pero también habrá logrado ubicarse en la soledad, desconfianza y rivalidad más absolutas. Estas recetas contribuirán a construir un liderazgo manipulador, oportunista y cooperativo, difícil de ocultar ante sus colaboradores, con quienes obtendrá resultados temporales.

A lo largo de los siglos se ha comprobado que el éxito se cristaliza cuando actuamos en conjunto. Más de noventa por ciento de nuestra vida transcurre en un contexto de grupo: familia, amigos, trabajo, sociedad, nuestro club deportivo, nuestra religión; en general vivimos siempre en compañía de otros. Nuestra realización y felicidad emergen cuando interactuamos en grupo y nuestro éxito será siempre en conjunto.

Aceptemos de una vez por todas que el éxito de un líder es producto de su habilidad para triunfar con otros. El primer paso del proceso para aprender a ser líder es *enriquecer nuestra capacidad de triunfar con las demás personas*. No he encontrado ejecutivo alguno que haya triunfado por sí solo, un padre que triunfe sin su familia o un gran estadista que haya alcanzado el triunfo en la soledad. De esta manera se manifiesta nuestro instinto gregario, aunque la educación individualista y competitiva que recibimos de la sociedad nos ha enseñado lo contrario.

Si reflexionamos un poco nos daremos cuenta de que nuestra educación no nos ha forjado las conductas orientadas para triunfar con los demás. En el fondo nuestra inteligencia nos enseña que, cuanto más hagamos por el prójimo, más estaremos haciendo por nosotros mismos.

Pero hemos sido instruidos en la individualidad, en la búsqueda del bien personal y de nuestros propios objetivos primero. Estudiosos de la materia consideran que nuestra mente tiene una estructura natural egocéntrica y que por eso aprendemos con tanta facilidad a actuar en nuestro beneficio, sin considerar a los demás como la pieza clave de nuestro éxito como líderes. En consecuencia, para construir relaciones en conjunto tenemos que hacer un gran esfuerzo y luchar contra la voz interior de la individualidad. Los líderes controlan a la perfección esta conducta condicionadora de la sociedad, al comprender que la clave es la labor de conjunto y no la individualidad, pues el liderazgo es consecuencia de la costumbre de cultivar las relaciones.

Crecimos en el mundo del **"yo"**, no del **"nosotros"**. Buscamos nuestro bienestar, sin importarnos el de otras personas. La educación ha conformado un mundo más competitivo que cooperativo, a pesar de que —como dice la Biblia—, estamos conscientes de que "si damos siempre recibimos más a cambio". Parecería que este principio es sólo de aplicación dominical y eclesiástica, no viable en la cotidianeidad, inaplicable en nuestra sociedad, en la que impera la competencia. Incontables veces hemos escuchado: "Si a una persona le das la mano te toma el brazo y, por tanto, yo no le doy oportunidad a nada ni a nadie; nadie te pone nada en tu bolsillo, la gente es egoísta, si pueden quitarte algo te lo quitan". Yo me pregunto: ¿cómo el ser humano puede construir su liderazgo con esta estructura mental? ¿Cómo puede desarrollar conductas que le permitan ceder en una negociación? ¿Cómo construye resultados en grupo? ¿Cómo concilia ideas? ¿Cómo aglutina las mentes hacia un propósito? ¿Cómo motiva, ya que la motivación se logra cuando uno entrega, da parte de sí y comparte el propósito y los reconocimientos?

Nos dijeron que es mejor contribuir, pero nos inculcaron una actitud competitiva, en la que no tiene cabida cooperar, sólo vencer, ganar, obtener lo más que se pueda. Esta educación sería extraordinaria si uno estuviera siempre en la individualidad, pero la vida es producto del conjunto. En el seno de nuestras sociedades, cada vez más pobladas, es triste observar, según apuntan los sociólogos, el aumento progresivo de la soledad. Parece mentira que, a mayor población, suframos mayor soledad e individualismo. He ahí una de las tantas explicaciones del vacío de líderes en el mundo. La individualidad se maquilla de forma magistral con el marketing del compromiso colectivo.

Y es que, una vez más, nos educan con la fábula del lobo disfrazado de oveja. Olvidamos que el éxito de un líder se construye cuando hay colaboración, labor en conjunto, dado que en conjunto se logra la diversidad de ideas, se descubren más alternativas y se toman mejores decisiones.

Si el objetivo individualista y competitivo que introyectamos nos induce a ganar a como dé lugar siempre, tendremos que ver a los demás como competidores y éstos se convertirán en una amenaza para el logro de nuestros intereses personales. Entonces, para que nosotros ganemos otros tienen que perder. *El fracaso del prójimo se vuelve un ingrediente indispensable para nuestro triunfo.* En una situación de competencia deportiva sólo se puede ganar si alguien pierde. Quien se empeña en triunfar en nivel individual comprueba que siempre debe oponerse a los demás. Si él asciende otros deben caer y esta actitud permanente en la vida tiene consecuencias negativas, sobre todo en el rol de liderazgo que, en esencia, es una relación de largo plazo con su grupo, así como en su capacidad de influir para lograr los objetivos comunes de un equipo de trabajo.

Esta conducta antinatural y adversa a la integración de propósitos se revertirá siempre que seamos líderes de otros seres humanos y queramos alcanzar resultados en equipo. Sin duda también afectará a la sociedad y a la próxima generación. Aunque nuestros hijos pagarán por ello, parece no importarnos; lo que nos importa es el resultado de hoy, al precio que sea, las reflexiones intelectuales salen sobrando. Al analizar su conducta, me convenzo de que el ser humano ha escogido el camino corto y azaroso, el camino de la batalla cotidiana, para triunfar y obtener sus propósitos. *Parecería que nuestro destino fuera transitar por la vida cortando flores en un jardín pero pisoteando los brotes a nuestro alrededor.*

Se nos educó en el mundo del oportunista

Uno se siente más inteligente cuanto antes obtenga lo que quiere o si aprovecha la oportunidad de un distraído. La viveza es un recurso cotidiano del éxito. Si logro un negocio con técnicas fraudulentas soy vivo; si no lo hago, soy tonto. Si estoy en la fila esperando mi turno, se abre un espacio y me cuelo hacia los primeros lugares, o si entro sin pagar, soy vivo; de lo contrario, soy tonto. Si aprovecho la oportunidad de hablar mal de un compañero con mi jefe, soy vivo; de no hacerlo, soy tonto. La cultura del oportunismo, el mundo del "vivo", son superiores a los de la integridad, la congruencia y los principios básicos de convivencia humana. Tal cultura generalizada es la génesis del subdesarrollo y la mediocridad de las sociedades ya que destruye la confianza entre los seres que viven en conjunto al estimular el éxito de pocos sobre muchos.

El prolífico escritor F. Cobayashi, autor del libro *Trust*, investigó la trascendencia de la confianza en las comunidades. Concluyó que las sociedades más desarrolladas se caracterizan por un marcado desarrollo de una cualidad que él describe como "el capital social" de un país. Dicho capital es la capacidad de las sociedades para construir objetivos en común. Las sociedades menos desarrolladas se caracterizan por su individualismo y, por ende, una marcada desconfianza comunitaria. Las sociedades que centran su confianza sólo en su núcleo familiar y no en el núcleo social terminan, dice Cobayashi, por disminuir su capacidad de producción de riqueza, paz social y convivencia civilizada en sus comunidades. Con los años he comprobado que los líderes usan su inteligencia para el beneficio común, pero los "vivos" la emplean para su beneficio individual. Y nuestra sociedad está llena de mentes pequeñas que profesan esa actitud.

La cultura de ganar por sobre todas las cosas destruye el trabajo en conjunto

Esta subordinación del bien común de los "vivos" desencadena una competencia feroz y deshonrosa. El modelo produce hordas de perdedores, de modo que pocos ganen.

Es una lucha sangrienta. No se puede confiar, se batalla a diario, cuerpo a cuerpo. Una distracción, un minuto de confianza en el prójimo puede ser fatal para nuestros intereses personales; una demostración de consideración y apertura en los negocios será suicida, no hay tiempo que perder. Lo anterior se observa a diario en el ambiente empresarial de la mayoría de las organizaciones: las áreas se fragmentan; se crean verdaderos *bunkers* y núcleos de poder; las relaciones y las reuniones de trabajo se tornan en verdaderas luchas grecorromanas, buscando vencer en la arena empresarial donde se desarrolla la contienda por el éxito ejecutivo. Ésta es una de las razones por las cuales los líderes deben ser firmes y saber discernir entre el colaborador oportunista, el lisonjero y el comprometido pues todos dominan con maestría conductas de lealtad y compromiso de utilería y camuflaje. Descubrir la autenticidad de estas conductas es una habilidad psicológica y de comprensión del comportamiento humano que le ayudará a descubrir la verdadera alquimia para la construcción de un equipo comprometido con los objetivos.

Nos han educado para vivir con base en estos paradigmas erróneos y no en nuestra inteligencia y sabiduría; sobra destacar que todos conocemos las virtudes de trabajar en conjunto para alcanzar los objetivos. Los verdaderos líderes lo saben y actúan con eso en mente —de ahí su éxito—, pero el resto de los mortales somos producto de paradigmas erróneos. Si usted desea ser líder necesita entender que éstos estimulan el instinto prehumano de supervivencia que dicta que el más apto sobrevivirá por encima de los demás. Asimismo, que empleamos las armas competitivas con los oponentes, pero también con los integrantes del mismo equipo, con lo que se forma una espiral de extinción del espíritu de unidad y de los compromisos personales de los colaboradores hacia los objetivos comunes.

De igual manera, deberá comprender que la única razón que mueve a un líder es el orden colectivo. Por demás está decir que si usted es un individualista y le resulta difícil construir relaciones con los demás, su camino será arduo y deberá trabajar mucho consigo mismo para dirigir su vida y la de otros. De lo contrario, la soledad será su compañera; incluso si es usted muy inteligente, esta cualidad se verá opacada por su incapacidad para construir un equipo y crear una mística en su gente, una misión y visión comunes que nutran el esfuerzo individual hacia una misma dirección, así como para obtener resultados superiores, imposibles de alcanzar con una actitud individualista. De nada le servirá construir una visión y una misión conjuntas con su grupo, como aconsejan los libros de liderazgo popular, si la cultura competitiva subordina su sentido común, así como la sabiduría universal, que nos indican que los grandes resultados en la historia del mundo sólo se han logrado con la cohesión y voluntad colectivas.

Las personas que forjaron con éxito su liderazgo personal han aprendido que la consecución de los objetivos requiere colaboración, a menos, por supuesto, que lo que usted busque sea un resultado personal de corto plazo. En tal caso no creo que le importen gran cosa los intereses de sus miembros, sino que los estimulará con ánimo manipulador, para que trabajen con ahínco hasta conseguir sus metas. Este modelo lo hemos aprendido muy bien de un buen número de líderes políticos de tantos países del mundo que con proyección carismática nos hacen creer que luchan por un objetivo social y luego se cobran su sacrificio temporal en el poder amasando fastuosas fortunas y dejándonos las deudas de sus brillantes estrategias temporales.

El líder sólo trasciende por medio del grupo

Reitero que nuestra educación nos conduce a buscar la verdad donde no está; más bien, ésta radica en comprender que nuestras conductas individualistas nos alejaron del espíritu gregario con el que nacemos y con el que los líderes construyen su éxito y sus resultados junto con su equipo. Y, aunque la realidad de la vida cotidiana difiera, el espíritu gregario se mantiene vigente y nos gobierna, con y sin nuestro consentimiento o aceptación. *La realidad es que el éxito se construye junto con los demás y mediante los demás, nos guste o no.*

Nuestras conductas individualistas y egocéntricas son producto de esta educación, a la cual respondemos, con la cual y por la cual nos identificamos. Por tal motivo nuestra sociedad busca ansiosamente líderes que devuelvan ese espíritu gregario tan necesario para el éxito colectivo, ya que para el logro del éxito individual somos expertos, incluso seríamos buenos gladiadores en las arenas romanas.

Un famoso antropólogo que estudió durante varios años a los chimpancés afirmó una vez: "Un chimpancé solo no es un chimpancé". Es decir, un chimpancé únicamente se desarrolla como verdadero ejemplar de su especie en compañía de sus congéneres. En un zoológico quizá sobreviva, pero nunca será él plenamente. Esto se podría aplicar también a nosotros: "Un ser humano aislado no es un ser humano". No podemos ser en verdad humanos en soledad, y esto lo observamos en nuestras empresas cuando se compite día con día entre áreas, entre personas. Las virtudes que nos humanizan sólo surgen de la forma en que nos relacionamos con nuestros semejantes.

La falta de unidad suele reducir el crecimiento intelectual y de trabajo en equipo. Desde el punto de vista de la sinergia las ideas opuestas contribuyen al esfuerzo y la tarea. El crecimiento es producto de la discordancia y la tensión constructiva. La diversidad permite ver otras oportunidades. No es posible obtener creación alguna donde todos pensamos igual, no hay crecimiento en la similitud cuando los líderes logran integrar a sus grupos, las personas sacan energía de la pertenencia al mismo grupo. Uno se transforma en persona gracias al grupo. El fin es que un líder pueda crear una organización sinérgica en la que el conjunto sea mayor que la suma de las partes; la fragmentación con objetivos individuales es un método cuya ineficacia hemos confirmado durante años, ya que, al restar la inteligencia de las personas del grupo, los resultados en conjunto siempre serán inferiores.

Carlos Lenkersdorf, autor del libro *Los hombres verdaderos*, presenta una extraordinaria descripción de cómo los indígenas tojolabales de Los Altos de Chiapas, en México, viven en comunidad y para ello obedecen ciertas reglas ancestrales que les permiten vivir como grupo. Sostienen que forman un conjunto, una comunidad de iguales, lo que no significa colocar a todos en el mismo nivel. Cada uno desempeña una función propia que le permite contribuir con la comunidad. El consenso es un elemento fundamental en sus decisiones, dado que consideran que a solas las personas no pueden hacer nada en la vida. Todos necesitan de todos para lograr el consenso comunitario. Por ello la clave es la interdependencia, que no significa dependencia de uno con respecto a otro.

Desde la perspectiva de nuestra sociedad contemporánea, individualista, la comunidad es, entonces, el mayor obstáculo de la libertad. Libertad en nuestras sociedades competitivas significa que las personas pueden hacer lo que les dé la gana sin que nadie les imponga limitaciones; el límite está en uno mismo y en sus ambiciones personales. Es decir, en nuestras sociedades competitivas la libertad es individual o no es libertad. Cuanto menos obstáculos nos pongan las leyes, más libertad habrá para el integrante de la sociedad competitiva; la presencia de la comunidad representa un obstáculo dado que debemos subordinarnos a las condiciones grupales. En nuestro entorno moderno la libertad surge de no tener muchas condiciones comunitarias y de grupo. Omitimos relacionarnos con nuestros vecinos para evitar problemas y conflictos innecesarios.

Por el contrario, a los tojolabales la comunidad los hace libres. Disfrutan de las condiciones comunitarias que todos respetan y eso otorga libertad, la cual no existe para ellos si no hay un lugar que les brinde vida comunitaria y sostén. En nuestra sociedad competitiva es lo contrario: al buscar la realización personal, sacrificamos a la comunidad, a los demás, a nuestros compañeros del equipo. Los integrantes del grupo se vuelven víctimas de la individualidad. En resumen, afirma Lenkersdorf, en los tojolabales, la comunidad los hace libres al respetar el objetivo común. En cambio, en la actual sociedad consumista e independiente queremos ser libres de los demás para beneficio personal. Tal individualidad dificulta sobremanera la convivencia de las personas en grupo y la toma de decisiones. De ahí emana la dificultad de encontrar líderes capaces de dirigir seres cada día más individualistas, competitivos y centrados en lo material y en la defensa del yo y de sus propios intereses. Esta cultura no construye en la juventud mentes de líderes, sino de gladiadores del éxito y de la rivalidad, individualistas y feroces competidores con espíritu de *kung fu*, aun en su propia familia y comunidad.

Este infierno competitivo que hoy vivimos se ha expandido. Los seres humanos han probado las mieles del éxito individual y esto ha deteriorado sobremanera su relación con los demás, a tal punto que sólo ven en ellos los beneficios que podrían brindarles. De ahí el vacío de liderazgo. No vemos en el mundo moderno un modelo de líder que podamos imitar; más bien, son producto del marketing político, que construye héroes de barro que se desmoronan con el tiempo.

Líderes de utilería, vivos para el oportunismo que les ofrece el entorno en que viven, se hacen expertos en buscar aprovechar los beneficios económicos que emanan de la posición privilegiada de poder que el Estado les confiere, sabiendo que será en detrimento de la mayoría que los puso en esa posición… pero eso no les importa.

Decía Henry David Thoreau: "De joven admiraba a las personas inteligentes. Ahora que soy viejo, admiro a los bondadosos".

La mentalidad competitiva no construye equipos

La educación no sólo ha cultivado un apetito competitivo en lo material, sino también en el mundo de las ideas. Nos conducimos con ánimo de subordinar la verdad de los demás a la nuestra, la razón de otros a la nuestra, el punto de vista de otras personas al nuestro. Todo apunta a que nuestra seguridad emana de tener razón por encima de los demás y no de atender mejor los intereses plurales. Nuestra mentalidad ha cultivado actitudes de escasez y competimos incluso en el terreno de las ideas, no sólo en lo material. Los líderes comprenden que tal actitud en su grupo es un suicidio colectivo que no produce resultados superiores sino más bien individuales, en los que sólo el más apto ganará la pelea.

La mentalidad competitiva es sana cuando uno desea alcanzar ciertos objetivos con su equipo. Pero la competencia dentro de los mismos integrantes de un grupo crea un clima de desconfianza y de luchas internas por el poder. El vínculo de un líder con su grupo es a largo plazo y competir destruye la capacidad de construir tanto la relación como la motivación del equipo. Todos comprendemos que en el matrimonio si los dos no ganan, los dos pierden, ya que ésta es también una relación de largo plazo y no es posible aplicar técnicas competitivas sino conductas cooperativas. En los eventos deportivos es evidente que uno de los dos equipos siempre tendrá que perder, ya que la naturaleza de esa relación es de corto plazo y eminentemente competitiva. Los grandes líderes destinan un cúmulo de esfuerzos a la construcción de una cultura cooperativa centrada en un objetivo común. A pesar de ello nunca faltará quien se aferre a su individualidad competitiva aun dentro de su mismo equipo de trabajo. De ellos deberá cuidarse ya que esta cultura se disemina con rapidez en todo el grupo.

Las personas con mentalidad competitiva se dicen: "¡Si no hay para todos entonces que haya para mí!" y toman lo más que pueden de inmediato, sin importar cómo lo hacen y a quién se enfrentan al hacerlo. Piensan que si comparten poseerán menos y, por tanto, los demás son sus competidores en el logro de los recursos. Quienes poseen una mentalidad de este tipo son tercos, necios, siempre quieren tener la razón, ya que para ellos ceder es perder. "Entonces ¡pierde tú!", se dicen. No les interesan los demás, sino sus propias ideas y beneficios. Las otras personas son un impedimento para sus intereses. Siempre aportan una mejor alternativa en las discusiones: ¡la suya! Y es que si aceptan la idea de alguien más sienten que ese alguien es más inteligente que ellos, de modo que no ceden. Sufren ante la ganancia inesperada de otro y perciben que es una injusticia. Si alguien gana la lotería sentirán que no es justo aunque ellos nunca compren billetes, lo que les molesta es el hecho de que otro gane.

Las cosas son su prioridad y la gente es el problema. Si no fuera por las personas que desean lo mismo que ellos, lograrían mucho más en la vida. No comparten el reconocimiento, ya que eso significaría una disminución de su persona; se dirían: "¿Por qué a ti y a mí no?". Sienten gran malestar ante el éxito de otros, puesto que representa su propio fracaso. Sienten como si los bienes de otros se los hubieran arrebatado: "¿Por qué él tiene tanto éxito y yo, que trabajo tanto, no logro lo mismo?". En consecuencia, su reacción ante ese éxito será fingida, en tanto la envidia los corroe por dentro. Desean que otros padezcan algo para que no triunfen, esperan que otros fracasen para que ellos puedan tomar su lugar. Es muy frecuente escuchar: "Te acordarás de mis palabras, verás cómo no va a poder con el nuevo puesto, no entiendo cómo lo eligieron a él y a mí que tengo más años no me consideraron. ¡Es una injusticia!". En suma, aquellos con mentalidad de escasez compiten con los demás, aun de manera inadvertida, ya que dedican toda su energía al logro de las cosas para aumentar su valía.

Muchas veces continuamos ciegamente con estas conductas individualistas, sin detenernos a reflexionar en que destruyen las capacidades de liderazgo, lo cual sin duda nos robotiza y nos hace prisioneros de las mismas. Si bien intentamos socializar el problema buscando explicaciones en el entorno, en nuestros jefes, en nuestro pasado, dichas capacidades radican en nuestra forma de ser con los demás.

El vacío en nuestra vida proviene de pensar en nosotros primero, de creer que somos el centro de la verdad y que nuestros problemas se deben a los demás y no a nuestra mentalidad interna. *Éste es el error más grande al que se enfrenta la humanidad.*

Nos cuesta asimilar las bases para vivir, dirigir y construir los grandes resultados con el apoyo de otros y en conjunto con ellos. No comprender los principios de convivencia obstaculiza la consecución de los objetivos en equipo que todo líder necesita. La lucha se torna encarnizada, feroz, pero debemos ser más inteligentes que lo que dicta la educación social recibida, si es que en realidad deseamos ser líderes y no resignarnos a ser un producto masificado sin dirección.

Lamentablemente los seres humanos aprendemos muy tarde en la vida que para cambiar nuestra realidad primero debemos cambiar nosotros.

WILLIAM JAMES

Nos enseñaron que la vida es como jugar fútbol pero con raqueta de tenis. ¿Cómo hacerlo? Sencillamente, el instrumento no es adecuado para el objetivo. Jugar al fútbol de la vida es una labor de equipo, pero el instrumento (la raqueta) con que nos entrenaron es individualista. Por tal razón no comprendemos por qué la vida no nos premia al permitirnos alcanzar nuestros objetivos. Hemos desarrollado conductas inconscientemente competitivas que destruyen la sabiduría colectiva, a tal punto que parecemos vivir dentro del ego. Actuamos solos en un universo que nos exige ser interdependientes, gregarios y cooperativos.

Nos sentimos solos rodeados de millones de seres que en su interior desean lo mismo: **éxito, realización y felicidad**.

Resulta lamentable, pero los seres humanos nos damos cuenta muy tarde de que, *para modificar nuestros resultados, primero debemos cambiar nosotros* y actuamos justo a la inversa: queremos que, para lograr nuestros objetivos, antes cambien los demás: nuestra pareja o hijo adolescente, nuestro jefe, el gobierno, nuestros subordinados o compañeros. La mente del líder no actúa en esa forma. El líder se pone a prueba frente a seres humanos diferentes, con ideas opuestas, similares o desagradables, enemigos duros, amables, tercos o comprensivos. Ésa es la materia prima con la que contamos para que nuestra labor rinda frutos con esas personas. Nadie nos hará el favor de cambiar para que nosotros seamos líderes exitosos; no, ese arduo camino es sólo nuestro.

Es triste, pero sólo las dificultades nos hacen entender, de una vez por todas, que para que nuestros resultados como líderes se transformen debemos cambiar primero nosotros. Cuanto más exitosa haya sido nuestra forma de pensar anterior, mayores serán nuestra resistencia y apego a conductas anteriores que nos inducen a considerar que nuestros problemas son externos, a ver la paja en el ojo ajeno y no ver la viga en el nuestro.

Sin embargo, al final comprendemos que **no estamos mal por lo que nos pasa sino que nos pasa lo que nos pasa porque estamos mal**.

¿Nuestra esencia es solitaria o colectiva?

Son tan marcadas las evidencias de nuestra dificultad para trabajar en equipo que me pregunto si ésta no radicará en la esencia de nuestra naturaleza humana y si nuestra estructura mental obstaculiza el trabajo colectivo o limita la capacidad de los líderes para producir resultados en conjunto. Quisiera analizar en forma breve a los filósofos y estudiosos de la materia para que comprendamos el origen de la dificultad humana para unirnos, sobrevivir y producir resultados en conjunto.

En los albores del siglo XV los filósofos comenzaron a analizar cuál era la razón de la existencia del ser humano en sociedad. En aquel entonces concluyeron que la relación social va en contra de la naturaleza humana, cuya esencia, aseveraron, es solitaria. Determinaron que las conductas sociales son una creación del hombre civilizado y, por tanto, antinaturales.

A finales del siglo XVI el filósofo Montaigne ya sostenía que el hombre vive en conjunto porque lo necesita y no porque le agrade. Al ser humano no le gusta compartir la presa que cazó con otros.

Con esta premisa los filósofos modernos concluyeron que somos seres independientes a quienes no nos gustan las ataduras con otros y únicamente las establecemos para obtener lo que solos no podríamos obtener. Que la naturaleza del ser humano, además de solitaria, es egoísta e insaciable.

Según Maquiavelo, la sociedad era importante como un mecanismo de control para frenar los intereses particulares de nuestra naturaleza. Opinaba que la gran habilidad del ser humano es dominar sus propios intereses para que en conjunto logren mayores resultados. En suma, que los seres humanos nos unimos a otros porque de alguna manera nos conviene.

A fines del siglo XVIII, otro filósofo, Emmanuel Kant, afirmaba que el ser humano vive en una "insociable sociedad", es decir, que la labor en conjunto, lejos de ser algo elegido por el ser humano, es algo que realiza por conveniencia. Agrega que nuestra naturaleza es egoísta y solitaria y que albergamos tres necesidades básicas: sed de poder, sed de bienes y sed de reconocimiento. Kant nos dice que funcionamos en grupo para obtener reconocimiento ya que solos es imposible conseguirlo. En suma, es necesario combatir la naturaleza solitaria del hombre; de otra forma terminaremos por competir entre nosotros.

También en el siglo XVIII Jean-Jacques Rousseau planteó que es cierto que los seres humanos nos unimos a otros para obtener más bienes, más poder y aliados para un fin específico. Mencionó que la vanidad nos lleva a conseguir lo que queremos por medio de otros, o sea, necesitamos estar en grupo. Por consiguiente, el ser humano se siente incompleto en la soledad y busca estar en conjunto, en familia, con hijos, socializando; pero también desea obtener el reconocimiento que sólo se da cuando estamos junto a otros. En suma, soy incompleto si no tengo a otros, la mía es una vida sin sentido si estoy solo y no obtengo reconocimiento ni aprobación si estoy solo. Es decir, si el ser humano estuviera solo en el mundo, sería un animal. De nuestra necesidad de admiración surgen la rivalidad y la competencia por conseguir más, sin importar cuánto tengamos. De ahí la interminable sed por acumular y distinguirse del grupo, independientemente de lo que se haya acumulado. La dificultad actual no sólo radica en los puntos anteriores, sino también en el deterioro progresivo de nuestros valores para obtener los resultados.

Esta rápida revisión de algunos estudiosos del comportamiento humano confirma las razones de la gran dificultad para construir equipos de trabajo, dada nuestra naturaleza, pero también explica lo difícil que resulta a las personas compartir y ser flexibles para lograr objetivos comunes. La necesidad de reconocimiento y aceptación se convierte en el motor de la furia competitiva por sobresalir y ser aceptado en el equipo. Los grandes líderes comprenden este proceso natural de la esencia humana y trabajan con los grupos manteniendo bajo control todos los factores emocionales y racionales necesarios para que el ser humano trabaje en equipo.

Sus retos serán: en primer lugar, comprender que debe luchar contra su propia naturaleza solitaria; en segundo lugar, comprender la naturaleza de su gente y, en tercer lugar, incorporar las habilidades que se requieren para ser líder de un grupo de personas que se unirán en busca de intereses comunes sólo para satisfacer sus intereses individuales. Su labor quizá no sea fácil, pero el resultado será enorme al lograr orientar los esfuerzos de un grupo a la consecución de grandes proyectos.

☞ ***Conclusiones***

La ausencia de liderazgo en nuestra vida radica en nosotros mismos, ya que la educación recibida nos condiciona a vivirla sin un destino claro.

32

- Lo que nos restringe no es lo que somos, sino lo que creemos que somos. Nuestras limitaciones son producto de nuestras creencias. Si cambiamos éstas, cambiará nuestra conducta y, por ende, nuestros resultados.

- Nuestra vida ha sido influida; no nacimos pensando como hoy pensamos. Si desea ser líder deberá cambiar los argumentos con los que se le educó y que le ponen freno a su capacidad de dirigir a otros.

- La integridad personal nos permite ser consistentes en lo que decimos y hacemos; eso construye la autoconfianza de los miembros de su grupo y su credibilidad ante ellos.

- Si bien sólo en el plano colectivo se obtienen resultados, se nos educó en la individualidad, en el yo, en la lucha por nuestros intereses, en el egoísmo. Eso coarta nuestra habilidad de dirigir a otros. Nuestra mentalidad descuenta, esto es, ignora la inteligencia de otros para construir resultados.

- El ser humano construye su vida por el camino difícil ("cortamos la flor pisoteando los brotes a su alrededor"). Destruye al prójimo para alcanzar la flor del éxito y eso desgasta su capacidad como líder.

- Nuestro modelo competitivo de educación ha construido una cultura deshonrosa que nos induce a una competencia feroz en la que se necesitan muchos perdedores para que pocos alcancen el éxito. Dicho modelo es la antítesis del liderazgo.

- La sociedad individualista creó una mentalidad de escasez que no da espacio a que otros también tengan acceso al éxito. Con este modelo de pensamiento es necesario vencer a los demás para ganar, aun si somos del mismo grupo. No hay líder que triunfe en la soledad.

- Los seres humanos nos damos cuenta muy tarde, en la vejez, que para cambiar lo que nos sucede, primero debemos cambiar nosotros mismos.

⏱ *Reflexiones*

Analice su comportamiento:

1. ¿Qué conductas pueden estar limitando el liderazgo en su vida?

2. ¿Qué creencias suyas podrían estar limitando su éxito como líder?

3. ¿En qué ha sido incongruente con su grupo y deberá cambiar para construir una actitud de confianza?

4. ¿Qué conductas individualistas y competitivas podrá cambiar en usted y en su grupo para mejorar sus resultados?

5. ¿Cuál es la cultura prevaleciente en su grupo y que limita la labor del mismo? Compártala con su grupo.

6. Identifique qué conductas observa en usted y en su equipo que pueden considerarse de escasez... ¡Cámbielas!

✔ *Autoevaluación capítulo 1*
La influencia del entorno en nuestras conductas como líderes

Evalúe su actuación como líder, tal cual es en la actualidad, y no como debería ser, calificando de la siguiente manera:

1 = Casi nunca   2 = A veces   3 = Con frecuencia   4 = Casi siempre

1. ¿Analiza con frecuencia sus creencias acerca de usted mismo para mejorar su liderazgo? .... **1 - 2 - 3 - 4**

2. ¿Actúa siempre con integridad entre lo que dice y lo que hace? .... **1 - 2 - 3 - 4**

3. ¿Es usted un líder en quien su gente cree fielmente? .... **1 - 2 - 3 - 4**

4. ¿Ha logrado eliminar la actitud individualista de los integrantes de su grupo? .... **1 - 2 - 3 - 4**

34

5. ¿Su gente tiene espíritu de cooperación
y compañerismo, se apoyan mutuamente
en forma incondicional? .... **1 - 2 - 3 - 4**

6. ¿Es usted un líder que ha desarrollado
el facultamiento en su gente? .... **1 - 2 - 3 - 4**

7. ¿Es usted un líder que acepta ideas, aunque sean
contrarias a las suyas, frente a su grupo? .... **1 - 2 - 3 - 4**

8. ¿Existe en su grupo una actitud en la que todos
ganen en sus negociaciones y juntas de trabajo?... **1 - 2 - 3 - 4**

9. ¿Ha trabajado periódicamente consigo mismo
para superar las limitaciones que pueda tener
como líder? .... **1 - 2 - 3 - 4**

10. ¿Es usted un líder ejemplo de las conductas
que exige a su gente? .... **1 - 2 - 3 - 4**

Sume los números que marcó y analice sus resultados:
SUMA TOTAL:

25 a 30 puntos = su perfil de líder es excelente.
19 a 24 puntos = necesita trabajar en su desarrollo como líder.
10 a 18 puntos = debe hacer un cambio significativo en su modelo de
          liderazgo.

Si lo desea puede realizar su
autoevaluación en línea a través
de nuestra página de internet:
www.borghino.com.mx

✍ *Plan de acción para el próximo lunes*

1. Analice que áreas de su vida muestran incongruencia entre lo que dice y lo que hace con su vida. Haga un plan de cambios.

2. Identifique cuáles son sus creencias que limitan su capacidad como líder.

3. Enumere las decisiones que ha postergado culpando a las circunstancias y analice cuánto perdió por ello. Determine qué cambios realizará en el futuro.

4. Analice en qué áreas de su vida no vive hoy como desea y qué cambios llevará a cabo para eliminar esa incongruencia.

5. Realice un inventario de las conductas que ha aprendido y que limitan su capacidad como líder de un grupo.

6. Identifique las conductas competitivas e individualistas de su equipo y trabaje con sus integrantes en la solución.

7. Analice qué lo lleva a actuar en forma individualista y no cooperativa con su grupo.

8. Analice qué comportamientos pueden cultivar su sensibilidad hacia las demás personas. Trace un plan para incrementarlos.

Pregúntese acerca de lo aprendido en este capítulo

❐ ¿Que puedo aplicar en mi vida **profesional** y cómo?

❐ ¿Qué puedo aplicar en mi vida **personal** y cómo?

❐ ¿Qué **cambios** debo realizar en el corto plazo?

2. LAS RAÍCES DEL LIDERAZGO

¿Qué puede esperar de este capítulo?

En este capítulo usted:

1. Interiorizará las grandes ideas que deberá cultivar en su mente para construir su liderazgo.

2. Conocerá las barreras invisibles que pueden limitar su éxito como líder.

3. Identificará las limitaciones que los seres humanos nos autoimponemos y que nos impiden triunfar en la vida.

4. Conocerá que toda idea brillante sin acción es inútil para el logro de resultados.

5. Se convencerá de que la visión es el instrumento crucial para construir su liderazgo.

6. Identificará la fuerza de la creatividad para construir estrategias como líder.

7. Conocerá cómo la fe mueve las montañas que limitan el desarrollo de su proyecto de vida.

8. Aprenderá que el liderazgo es un proceso que nace en su interior.

Conclusión de los estudiosos de las conductas humanas

Durante años me ha interesado estudiar diferentes modelos de éxito y de liderazgo personal. Me he inmerso en las obras de los grandes escritores del tema, como Napoleon Hill, Norman Vincent Peale, Denis Waitley, Edward de Bono, Wayne Dyers, Anthony Robbins y muchos más...

De ellos he aprendido que para alcanzar el éxito en la vida uno debe merecerlo.

En la Segunda Guerra Mundial Sir Winston Churchill decía a su pueblo: "Todos deseamos la victoria, pero debemos merecerla". Según él, la victoria sólo vendría si se trabajaba duro. Los resultados siempre llegan acompañados de mucho trabajo, de la *milla extra*. Por ende, el éxito no es un accidente sino una elección personal.

Quienes son líderes de su vida son movidos por conductas que conducen a resultados, avances, progreso. Lograr objetivos es su misión y aquí me propongo profundizar en ello.

Los autores mencionados han logrado identificar las conductas básicas necesarias para triunfar. Por mi parte, yo he compilado para usted las conductas que considero son de mayor importancia para el desarrollo de su liderazgo. *Vivimos con respuestas automáticas ante situaciones sin detenernos a analizar si son congruentes con lo que en verdad anhelamos.*

Cultive las semillas del liderazgo

Es indudable que, como dice el refrán, "Cosechamos lo que sembramos": si uno planta semillas de maíz obtiene maíz, si planta semillas de melón obtiene melones.

En lo que respecta al ser humano, si plantamos semillas de grandes ideas, obtendremos un gran líder. Para transitar por el camino del crecimiento y el liderazgo personal es necesario plantar ideas correctas. Es imposible pensar en grande si no se tienen grandes ideas y proyectos que conquistar.

Las semillas del liderazgo son las actitudes con las que vivimos cotidianamente. Semillas que se fueron gestando desde nuestra niñez y se han entretejido como telarañas que con los años se tornaron en grandes cables de acero y han moldeado nuestro modo de pensar.

Lo invito a que reflexione qué tipo de semillas del liderazgo fueron cultivadas dentro de usted.

Barreras invisibles que dificultan el liderazgo

Déjeme comentarle una experiencia científica que confirma lo que deseo comunicarle. En la revista *National Geographic* leí sobre un experimento que científicos oceanográficos realizaron en San Diego, California con una barracuda, un pez con características semejantes a las del agresivo tiburón. Lo encerraron en un gran estanque, el cual dividieron en dos partes con una barrera de acrílico transparente. En un lado pusieron a la barracuda y en el otro varios pequeños peces. Cuando la barracuda los vio, se abalanzó hacia ellos pero se enfrentó a la barrera y se golpeó una y otra vez intentando comer a los apetitosos peces. Insistió tanto que llegó a lastimarse físicamente. Pasado cierto tiempo se dio por vencida y los científicos decidieron retirar la pared de acrílico. Para su sorpresa, los peces comenzaron a nadar alrededor de la barracuda pero ésta nunca más hizo nada por comerlos y murió de hambre. La barracuda aprendió que no podía, que era imposible; erigió en su mente una barrera invisible segura de que la división aún existía.

Esto me dice que muchos seres humanos también han sido programados y condicionados para perder. Debido a sus experiencias anteriores, se imponen una barrera imaginaria, limitan sus capacidades y ya no avanzan.

La única limitación para la superación y el progreso de todo hombre es la que se impone a sí mismo.

DENNIS WAITLEY

Necesitamos educar nuestra mente para el logro de nuestros objetivos o terminaremos como la barracuda que aprendió de experiencias reales. Debemos construir en nuestra mente paradigmas de éxito que nos guíen por el camino del liderazgo personal y la realización. Siempre que uno menciona la palabra éxito, la relacionamos con muchos bienes materiales, con amasar fortunas. Sin duda, el dinero es un elemento intrínseco de una gran visión de éxito. Lo hemos visto cientos de veces en los grandes líderes empresarios y emprendedores del mundo. Los millonarios como Henry Ford o el joven Bill Gates trabajaron guiados por una visión innovadora que a nadie se le había ocurrido. Pero quiero recordar que noventa por ciento de las personas no vivimos con grandes lujos. Entonces, si el dinero fuera la medida del éxito, nunca lo obtendríamos. En realidad, el éxito es un equilibrio en varios órdenes de la vida que nos ocasiona felicidad y bienestar económico y material.

> *No es lo que posees lo que te hace exitoso, sino lo que haces*
> *con lo que tienes.*
>
> RALPH WALDO EMERSON

Algunas semillas del liderazgo

1. La semilla de la acción

> *Nuestras ilusiones serán inútiles a menos que sean precedidas*
> *por la acción.*
>
> ARTHUR MORGAN

> *Cosechamos lo que sembramos.*
>
> NUEVO TESTAMENTO

Lo anterior significa que su recompensa en la vida dependerá de su contribución a la misma, del nivel de acción que le imprima a sus pensamientos.

No seamos presa del temor a la acción. El temor es una falsa educación que parece real. El miedo es un motivador universal negativo que nos inhibe y nos aferra al pasado. Nos hace vivir una vida inferior ya que el miedo que crece en nuestra mente siempre aparenta ser más grave que la situación misma. Pero en aquel con la fortaleza mental del líder su autoestima es mayor que el temor. Los líderes prefieren la oportunidad del riesgo que la seguridad de lo ya conseguido. Saben que si el riesgo es alto, deberán actuar con firmeza y agresividad; en pocas palabras, salir a luchar. Por ello es necesario entender los mecanismos del temor.

En algunos, el temor construye obstáculos inexistentes que bloquean sus resultados, pero la gente de éxito cree en su propia suerte. Ni siquiera considera las consecuencias de fallar porque no tiene ese ánimo negativo.

Por consiguiente, me permito darle un consejo: *si se concentra en su visión de vida encontrará fortaleza en el fracaso. Si equivocarnos es, al fin y al cabo, una nueva experiencia, entonces no se trata de un fracaso sino de una forma de aprendizaje.*

El fracaso es un maestro que nos muestra las áreas en las que debemos mejorar. Cuando atacamos una tarea, al final los resultados escapan de nuestras manos, pero es conveniente asegurarse de estar preparado en lo técnico y en lo psicológico. Todos fallamos en algo, lo inaceptable es no intentar. Por ende, esfuércese ciento diez por ciento; confíe en usted; déjese llevar en esa aventura, sabiendo que habrá de tomar varias decisiones en el camino. Siempre que imparto una conferencia de desarrollo personal, le pregunto a mi audiencia: "¿De qué están más arrepentidos ustedes: de las decisiones que han tomado bajo diferentes circunstancias o de las que han dejado de tomar?". Y todos, absolutamente todos, responden que se arrepienten de las decisiones que dejaron de tomar, aun si se hubieran equivocado con ellas. Miles de personas me han reconfirmado así que el ser humano nunca se perdona la cobardía de haber dejado de intentar, pues en su interior prevalece la duda de si ésta era la decisión crucial que cambiaría por siempre el rumbo de su vida.

No olvide que la forma como piense cuando pierda o fracase en algo determinará cuánto tardará en recuperarse y regresar al camino del triunfo. El tiempo que le tome salir de la depresión será el de su recuperación. O quizás aprenda como la barracuda y nunca más lo intente. Si las experiencias así lo indican una y otra vez, llevamos una vida pobre y mediocre en resultados. Aprendemos que no podemos, aunque ello no tenga que ver con nuestras capacidades e inteligencia. Nuestra mente no sabe que sabe y hay que reeducarla para reponerse de los golpes que recibe del mundo, pero en el fondo es inteligente y sabe, ¡ayúdela!

Los líderes no sólo trabajan en sus debilidades sino que construyen su vida sobre sus habilidades naturales. La vida a veces le hará morder el polvo. En tal caso, no se demore en levantarse y reiniciar su camino. En tanto que los fracasados miran quién fue el que los hizo llegar a ese punto y usan siempre el espejo retrovisor para encontrar al culpable, los líderes lo ven como un acontecimiento más, se ponen de pie y se dirigen de nuevo a su destino, sin importar lo doloroso del evento.

La psicología ha demostrado que uno nace sólo con dos miedos: a la falta de protección y a la falta de nutrición. Los demás los hemos aprendido: el miedo al riesgo, al fracaso, a un jefe, a la incertidumbre… Pero, así como los hemos incorporado por medio de las experiencias del pasado, podremos cambiarlos si nos ponemos a trabajar en ello.

41

El reto es aplicar el don más grande del ser humano, la capacidad de elección, es decir, la libertad de escoger lo que nos confiere dignidad, nos hace forjar el liderazgo y nos diferencia de los demás seres en la Tierra. Don que muchas veces no utilizamos por temor a fallar o a perderlo todo por un objetivo. No obstante, el secreto eterno del líder es pecar por acción, no por omisión.

No conozco un solo líder que no haya llegado a ser grande sino cometiendo muchos y grande errores. Si usted desea alimentar al líder que lleva en su interior, cométalos también y trabaje día con día en su seguridad personal.

Riegue las plantas que desee que florezcan ya que sólo de su orgullo nacerá la competencia necesaria para luchar por lo que le pertenece: *sus ideales y su destino*. No lo olvide: **la vida es demasiado corta para vivirla en pequeño**.

2. *La semilla de la visión*

Para realizar la tarea de tu vida debes definir tu sendero.

J. H. BOETCKER

Uno debe trazar el camino de su vida con mucho cuidado. Por lo general, si no alcanzamos el éxito es porque nunca lo visualizamos como tal.

Lo extraño es que invertimos más tiempo en planear las vacaciones familiares que nuestra propia vida. Y como carecemos de un plan, fallamos por omisión.

El ser humano es muy injusto con su vida. Veamos por qué. Trabaja en empresas donde todos los años le exigen que elabore un plan o implante un plan estratégico para su área o división y lo realiza con total eficiencia, invirtiendo con ese fin incluso días y noches, largas horas. Aplica técnicas de planeación estratégica que ha estudiado durante años. Diseña un plan a corto, mediano y largo plazos. Define los sistemas de control y medición de avances. Determina acciones correctivas. Define los recursos necesarios. Cumple el objetivo con gran esfuerzo y dedicación y, con base en ello, espera una recompensa, bono o ascenso.

La injusticia radica en que, aunque es eficaz para lograr objetivos de otros —una empresa o un área—, para producir éxitos para otros, aunque es por completo dedicado y muy eficiente en la ejecución de los planes de una empresa, es irresponsable para definir el plan estratégico de su empresa personal, que es su propia vida. Hace uso de las técnicas para su entorno profesional, pero no para el personal.

Le aconsejo que visualice su carrera como una empresa, la llame Usted Mismo, S. A. y se nombre presidente. Es muy probable que vea que cuenta con los conocimientos, las técnicas y los recursos, pero que no es capaz de invertirle tiempo y determinar el plan estratégico de Usted Mismo, S. A. Para ella está siempre ocupado. El tiempo lo utiliza para las empresas de los demás, pero no para la suya. Es contundente para la administración de múltiples proyectos, pero no del propio. Y luego, de manera sorprendente, busca que lo orienten con respecto a por qué no alcanza sus objetivos. Pues bien, usted dispone de la capacidad, el conocimiento y las técnicas para hacerlo, no deje que su vida sea presa de la casualidad. Su éxito dependerá del grado de acción que aplique a su estrategia, ya que su realización sólo depende de usted.

No olvide que su proyecto de vida debe prevalecer sobre los proyectos de su empresa.

Liderazgo significa recordar los errores del pasado, analizar los resultados de hoy y hacer uso de una enorme imaginación para visualizar los problemas del futuro.

STANLEY C. ALLYN

El espíritu emprendedor de los líderes

Casi todos anhelamos ser independientes, pero cuando trabajamos en una empresa perdemos ese espíritu emprendedor y no vemos nuestra vida como una oportunidad para definir una estrategia, nos cuesta definirnos como emprendedores. Tal vez por ello, en los últimos veinte años el número de personas que han decidido ser independientes ha crecido cien por ciento. Prefieren ya no trabajar para jefes que no saben dirigirlas o que exigen lo que ellos mismos no son capaces de hacer. Un gran porcentaje de los empleados hace comentarios negativos de sus jefes; contadas son las ocasiones en que he escuchado un adjetivo positivo con respecto al jefe inmediato. Eso demuestra la necesidad de que haya líderes en las empresas y el exceso de jefes que las dirigen. Quienes se independizan quizá lleven a cabo las mismas actividades que antes, pero ahora trabajan para ellos, sin horarios que otros les imponen y que ellos no cumplen. Es probable que trabajen el triple, pero sienten que construyen para ellos y no para un jefe que no los reconoce. En lugar de buscar seguridad en el empleo, intentan construir su propio destino.

Ahora, en un entorno de incertidumbre, plagado de cambios, todos deben ser líderes. Necesitamos dirigir nuestras vidas más que nunca. Recordemos que el liderazgo no es algo que se emplea sólo cuando trabajan en una empresa. Los verdaderos líderes no aplican técnicas de líder. Más bien, viven y piensan como tales; arriesgados y valientes, se enfrentan con temple y seguridad a las vicisitudes. Su objetivo es construir sueños en otros que los motiven a la acción. Obsérvese y analice cómo usted construye y motiva, por medio de la palabra, a los demás. Así se dará cuenta de la dimensión de su capacidad de convicción y don de mando.

Carencia de visión y sentido de propósito

Para mí la vida es como un teatro con muchos espectadores y pocos actores. Hordas de seres vagan sin visión, planes, propósitos o proyectos.

Es fácil caer en la trampa de la actividad *per se*, del ajetreo diario, del trabajo afanoso, llevado por el deseo de ascender por la escalera del éxito, tan sólo para darnos cuenta por fin de que siempre estuvo apoyada en una pared equivocada. Lo curioso es que somos los dueños de la escalera, nos pertenece, es nuestra decisión dónde colocarla. Y saber hacerlo es una cualidad de liderazgo personal que sólo logran los que trabajan en el dibujo mental de una visión de su destino.

Pero yo me he percatado de que los seres humanos no tenemos tiempo para planear lo trascendental. Nuestro proyecto de vida no forma parte de nuestras prioridades. Y me pregunto, si el hombre es capaz de buscar nuevos horizontes en Marte, ¿por qué no buscarlos en la Tierra, en lo cotidiano, donde podemos construir y hacer realidad nuestras ilusiones?

Conocemos la frase: "Eres lo que comes"; pues bien, con la misma sabiduría podemos sostener: "eres lo que piensas".

Y en esa inagotable fuente del saber, La Biblia, se expresa: "Lo que un hombre piensa en su corazón, así es él". ¿Qué significa esto? Que actuamos según guiones grabados por otros, por el medio ambiente, por nuestros padres, por la educación, y nos dejamos llevar sin rumbo fijo. No hay olvidar que el barco no llega al puerto por culpa del puerto, sino por culpa del barco. El puerto está ahí, el secreto está en el rumbo.

Usted, ¿hacia dónde lidera el barco de su vida? ¿O está destinado sólo a dirigir con eficiencia el barco de otro?

Lo esencial es que construya en su mente una visión y trabaje en pos de ella. Considere las palabras de Lester Thoroug: "No hay mayor fuerza que la de una idea cuyo momento ha llegado".

Defina la idea que construye su destino y la fuerza del liderazgo surgirá como consecuencia.

3. La semilla de la creatividad

El ejercicio de la imaginación abre el camino
de las oportunidades.

VINCE LOMBARDI

Por lo general la limitación para las nuevas ideas son las viejas ideas. Ellas se encargan de condicionar nuestra capacidad de visión de las nuevas oportunidades.

En el mismo tenor, Napoleón decía: "Con la imaginación uno domina el mundo" y para Albert Einstein: "La imaginación es más importante que el conocimiento, ya que éste está limitado por todo lo que sabemos, mientras que la imaginación abarca todo lo que no sabemos y comprendemos aún".

Con la imaginación podemos ampliar nuestro entendimiento, de tal forma que si usted le permite a su mente entender más de lo que ya comprende, podrá crecer en oportunidades.

El pensador griego Heráclito expresó: "Entiendo pero no te comprendo", lo que implica que es más fácil lo primero que lo segundo. Para entender no se necesita mucha información: puedo entender que un avión vuela pero no comprender *por qué*. Si deja de "creer" en lo que su mente entiende, superará su incapacidad para encontrar soluciones a los problemas.

Nuestra mente funciona de manera automática, como la de un robot. De todos los organismos vivos del planeta, sólo el ser humano fue creado sin integrar en él un banco de datos que programe su vida. No hay un programa preestablecido que nos guíe al éxito, aunque sí contamos con la imaginación para construir nuestro destino.

Como dije, nuestra mente no sabe que sabe, nosotros somos responsables de encontrar un sustento lógico de las cosas y crear, como aquellos que se transforman en líderes, planos y mapas para llegar a donde deseemos. En cambio, los orientados al fracaso se atemorizan por el riesgo que ello implica.

Los seres humanos somos como videograbadoras que registran los acontecimientos. Si la información alimentada es la correcta viviremos como líderes de nuestro destino; de lo contrario, la inseguridad y las carencias serán nuestro destino. Puesto que la autoimagen gobierna su vida, si no se visualiza obteniendo un resultado, bien sea con su hijo, con su pareja o en su vida profesional, será casi imposible que lo logre. La mente gobierna al músculo y si no consigue ver el objetivo, nuestras acciones quedarán limitadas. Un pensamiento del autor P. Massinger lo ilustra: "No es lo que eres lo que te limita; más bien, lo que crees que eres te detiene".

Los elefantes que vemos en los circos son un ejemplo patente de ello. Estos enormes animales pueden, sin dificultad, levantar con su trompa más de una tonelada. Sin embargo, ¿ha notado que en el circo permanecen pacientemente atados a una débil estaca? La razón es que cuando el elefante es joven, lo atan a una gran cadena y a una enorme estaca. No importa cuántos años luche por librarse, le es imposible lograrlo. No puede romper la cadena ni arrancar la estaca. Con los años crece pero sigue creyendo que, mientras sienta la pata atada, le es imposible liberarse, aunque su tamaño ya sea enorme y la estaca y la cadena sean ahora muy reducidas.

Muchos seres humanos, adultos e inteligentes, son como los elefantes del circo. Están atados a sus pensamientos anteriores, a sus experiencias pasadas. No se mueven más allá de donde les permiten llegar las limitaciones y temores que ellos mismos se han marcado. Destierre las ataduras en su vida, rompa las cadenas que le impiden arriesgarse y lo obligan a concentrarse en lo que no puede hacer en vez de lo que sí puede lograr.

4. La semilla de la fe

La vida es una profecía de realización de nuestros sueños.

THOMAS CARLYLE

Es de sabios comprender que la adversidad no es una condición permanente del hombre, por lo que hay persistir ante ella. Incluso, como recomienda Og Mandino, sonreírle hasta que se rinda. La adversidad es la tormenta de la vida, pero reconozcamos también que hasta el desierto florece después de la lluvia.

La fe es la llave que abre la puerta del éxito. Dice un escrito anónimo:

Si pierdes tu dinero... nada has perdido.

Si pierdes un amor... algo has perdido.

Si pierdes la salud... mucho has perdido.

Si pierdes la fe... todo, todo has perdido.

Nada es tan común como ver personas inteligentes que no triunfan. Sólo la persistencia nos permite alcanzar esas mieles. *Los milagros son la fe puesta en acción, pero la perseverancia sin duda pone a prueba la fe.* Si uno no tiene fe en lo que hace, tal actitud se transforma en una premonición de nuestro fracaso.

Los triunfadores en general realizan lo que a los fracasados no les gusta hacer. Muchos sueñan con el éxito, todos hablan de él, pero sólo los líderes hacen que ocurra. Enséñeme a alguien que haya triunfado en la desigualdad y le mostraré a un hombre perseverante, con fe.

> El famoso inventor estadounidense Thomas Alva Edison, que patentó doce mil treinta y tres inventos, fracasó en veinticinco mil intentos al querer almacenar la energía. Sin embargo, solía decir: "Sólo descubrí que hay veinticuatro mil novecientas noventa y nueve formas en las que no se puede almacenar energía".

¡Qué gran forma de pensar!, ¿no cree usted?

Si así pensáramos en relación con nuestros objetivos y metas vitales, la adversidad sería nuestro súbdito.

Estemos siempre conscientes de que lo que tenemos en nuestro pasado y en nuestro presente no se compara con las oportunidades que nos quedan por delante.

6. Las semillas de la fortaleza interior

El éxito está dentro de ti.

RICK PITINO

Los seres humanos vivimos tres vidas: la pública, la privada y la interior. La primera es la que mostramos al mundo en nuestras relaciones con otras personas de diversos entornos. La segunda es la que disfrutamos en nuestro hogar, con la familia. Y la vida interior es la de uno mismo, nuestra brújula, la que nos da dirección y fuerza para luchar por nuestros propósitos e ideales.

La fuerza de un líder nace justo de su interior, de ahí construye su realidad exterior. Cuando uno contempla la vida desde la perspectiva interior, la ve con los ojos de la sabiduría, el propósito, la fe, el amor y la oportunidad.

El éxito es un proceso y es necesario entenderlo así. En el mundo de las cosas, de la tecnología, lo rápido es rápido y lo lento, lento. Pero en el mundo de las personas, lo rápido siempre es lento. Forjarnos como líderes es un proceso, lleva tiempo. No hay caminos fáciles ni atajos. *No hay autopistas directas hacia el éxito*.

Uno debe escalar, quitar arbustos, cortar maleza, vivir en la incertidumbre, pero caminar. No se consigue sólo con una mentalidad positiva o con mensajes motivacionales de excelencia. Requiere una actitud espartana ante la vida, una fortaleza interior capaz de hacernos levantar tantas veces como sea necesario.

Cuando el ser humano actúa desde adentro comprende que el éxito con uno mismo debe ser previo al éxito con nuestro mundo exterior. El mejoramiento interior es un proceso continuo de renovación que gobierna el crecimiento y el progreso humano en sociedad.

Decía el general Patton, famoso por sus hazañas en Europa durante la Segunda Guerra Mundial: "Las grandes batallas en la vida se ganan primero en la tienda del capitán". En efecto, se trata de un proceso que no se puede invertir. Así como para estudiar álgebra es necesario conocer las matemáticas básicas, para cosechar debemos primero sembrar. Para ser líderes de otros debemos primero serlo de nosotros mismos.

El secreto está en nuestro interior. Vamos por la vida buscando inquietos la luz, *con una linterna en la mano*. Es decir, buscamos donde no es, lo que traemos como bagaje al nacer, esa capacidad de dirigir nuestra vida. Parecemos peces sedientos en medio del océano. La oportunidad está tan cerca que llega a ser imperceptible a los ojos.

Convicciones de los líderes de éxito

Los siguientes consejos son parte de las reflexiones de los grandes pensadores del comportamiento humano:

1. "Vive este día como si fuese el último de tu vida."

2. "Aprende que con la perseverancia puedes controlar tu destino."

3. "Traza tu camino con cuidado, para no desviarte."

4. "Prepárate para la oscuridad mientras viajas bajo la luz del sol."

5. "Comprende que lo que anhelas de la vida son sólo sueños si no les imprimes acción."

6. "Nunca olvides que siempre es más tarde de lo que tú piensas."

7. "No le pidas a la vida cosas, pídele rumbo, con ello construirás el sendero de tu destino."

☞ **Conclusiones**

- La limitación de toda persona para construir su liderazgo está en las actitudes que han ido moldeando su modelo de pensamiento y en ello es en lo que debe trabajar usted.

- La única limitación que existe para el progreso de todo ser humano es la que se impone a sí mismo.

- El temor a actuar es una falsa sensación que parece ser real. El miedo es un limitador universal que nos inhibe, nos aferra al pasado y nos hace vivir una vida inferior. Si usted desea grandes logros como líder debe aprender a controlarlos.

- Nuestro proyecto de vida será inútil a menos que sea precedido por la acción. Casi todas las personas están arrepentidas de las decisiones que han dejado de tomar. Nunca sabrán si ésa era la gran oportunidad de su vida. Los líderes jamás corren el riesgo de perder sus oportunidades.

- Los líderes siempre tienen un plan. La mayoría de las personas carecen de un plan de vida, por lo que fracasan por omisión. La planeación estratégica de su vida antecede a cualquier proyecto; si trabaja en ello su calidad como líder se construirá desde su fortaleza interior.

- La imaginación permite ampliar el entendimiento de las cosas, de tal forma que si su mente entiende más allá de lo que ve, podrá incursionar en el mundo de las oportunidades y su liderazgo se fortalecerá para resolver problemas complejos.

- Lo que le limita para ser un gran líder no es lo que usted es, sino lo que cree que es.

- El líder comprende que la adversidad no es un estado permanente en el ser humano, por ello tiene fe y persiste ante ella.

- La fuerza de un líder nace en su interior, de donde construye su realidad exterior. Vea la vida con los ojos de la sabiduría, del propósito y la oportunidad. Los líderes saben que las grandes batallas primero se ganan en su interior y no a la inversa. Es un principio que no se puede invertir y que usted como líder debe dominar.

- Quien no sabe ser líder tampoco comprende que su éxito personal precede a su capacidad para tener éxito con los demás. No busque las oportunidades afuera, en el mundo de las cosas. La oportunidad se origina en usted. Parecemos peces sedientos buscando el agua en medio del océano.

⊕ *Reflexiones*

Analice lo siguiente:

1. ¿Qué actitudes identifica que debe cambiar para consolidar su liderazgo?

2. ¿Qué barreras invisibles puede descubrir en usted que limitan su liderazgo, después de haber leído el ejemplo de la barracuda?

3. ¿Qué temores surgen con regularidad en usted que pueden limitar su capacidad de toma de decisiones?

4. ¿De qué se arrepiente más: de las decisiones que ha tomado en su vida o de las que ha dejado de tomar? ¿Cómo puede evitar que ello se repita?

5. ¿Tiene usted una visión por escrito de lo que quiere en su vida? ¿Cómo afecta esto su proyección como líder?

6. ¿Identifica alguna creencia acerca de usted como persona que pueda limitar sus resultados como líder y que requiere cambiar?

7. ¿Es usted una persona perseverante y firme que lucha siempre con fe, sin desistir, hasta alcanzar lo que quiere?

8. ¿Qué pensamientos vienen a su mente acerca de su vida después de leer la anécdota de las limitaciones de los elefantes del circo? ¿Qué limitación necesita modificar o erradicar de su perfil de líder?

✔ *Autoevaluación capítulo 2*

Las raíces del liderazgo

Evalúe su actuación como líder, tal cual es en la actualidad, y no como debería ser, calificando de la siguiente manera:

1 = Casi nunca   2 = A veces   3 = Con frecuencia   4 = Casi siempre

1. ¿Conoce las actitudes que debe cambiar para mejorar como líder? .... **1 - 2 - 3 - 4**

2. ¿Identifica en que áreas tiene barreras invisibles que le limitan como líder? .... **1 - 2 - 3 - 4**

3. ¿Está consciente de los temores que pueden estar limitando su toma de decisiones? .... **1 - 2 - 3 - 4**

4. ¿Conoce la trascendencia de tener una visión de vida por escrito pero aún no cuenta con ella?... **1 - 2 - 3 - 4**

---

5. ¿Está consciente de las áreas de su vida en las que necesita liberarse de sus cadenas? .... **1 - 2 - 3 - 4**

6. ¿Pospone con cierta frecuencia las decisiones que debe tomar? .... **1 - 2 - 3 - 4**

7. ¿Tiene la fuerza de voluntad para cumplir de manera consistente con aquello con lo que se compromete? .... **1 - 2 - 3 - 4**

8. ¿Trabaja con frecuencia en la mejora de las barreras que pueden estar limitando su efectividad como líder? .... **1 - 2 - 3 - 4**

9. ¿Revisa con frecuencia la visión de su área con su grupo y analiza desviaciones? .... **1 - 2 - 3 - 4**

10. ¿Es usted un líder que cuando toma decisiones hace participar a su equipo en el proceso para definir cómo ponerlas mejor en práctica? .... **1 - 2 - 3 - 4**

Sume los números que marcó y analice sus resultados:
SUMA TOTAL:

26 a 30 puntos = su perfil de líder es excelente.
17 a 25 puntos = necesita trabajar en su desarrollo como líder.
10 a 16 puntos = debe hacer un cambio significativo en su modelo de liderazgo.

Evaluación
ON LINE
Liderazgo

Si lo desea puede realizar su autoevaluación en línea a través de nuestra página de internet: www.borghino.com.mx

✍ *Plan de acción para el próximo lunes*

1. Analice las barreras invisibles que están limitando su capacidad para producir su éxito personal. Trabaje en ellas.

2. ¿Se atemoriza cuando debe tomar decisiones de alto riesgo? Analice cómo se siente hoy por ello y cuánto ha perdido en su vida. Elabore un plan de cambio.

3. Haga un plan de acción estratégica exactamente igual al que realiza en su empresa, pero ahora para su vida personal y profesional.

4. ¿Qué actividades considera rutinarias en su vida, que no agregan valor y que desearía cambiar? Realice un plan de innovación y cambio.

5. Identifique el nivel de perseverancia y consistencia con sus propósitos y enumere las consecuencias que han tenido en su vida.

6. Analice cada una de las semillas del liderazgo y redacte un plan de acción al respecto, para aplicarlo en los próximos treinta días.

Pregúntese acerca de lo aprendido en este capítulo

❐ ¿Qué puedo aplicar en mi vida **profesional**?

❐ ¿Qué puedo aplicar en mi vida **personal**?

❐ ¿Qué **cambios** debo realizar en el corto plazo?

53

3. Desarrollo de las capacidades como líder

¿Qué puede esperar de este capítulo?

En este capítulo usted:

1. *Apreciará cómo el resplandor del mundo material nos hace dependientes e incapaces de dirigir nuestro destino y, cegados, valoramos sólo lo que tocamos.*

2. *Descubrirá que quienes no entienden cómo ser líderes culpan a la vida de no alcanzar el éxito. Su falta de liderazgo no les permite comprender cuál es el origen de las cosas.*

3. *Conocerá que el líder centrado en resultados comprende que cuando éstos no se logran debe mirarse a sí mismo y no buscar en la injusticia la razón de su fracaso.*

4. *Sabrá por qué la cultura del corto plazo es el flagelo más destructivo de su madurez como líder.*

5. *Descubrirá que el mundo de la información busca perfeccionar nuestro "hacer" como líderes, sin considerar los principios que rigen la interacción entre las personas y la construcción de relaciones de largo plazo.*

6. *Verá que el liderazgo no se sustenta en las técnicas o habilidades aprendidas, sino en la capacidad de comprender lo que sucede y actuar al respecto.*

7. Comprenderá que los líderes encuentran más soluciones en el silencio que en los desplantes teatrales de sus ideas.

8. Reafirmará que los líderes que tienen una visión iluminan el camino. Todos los grupos necesitan un líder para conducirse con claridad.

Construyendo el liderazgo personal

La dificultad para transformarnos en líderes radica en la forma en que conceptualizamos lo que es vivir y lograr grandes resultados.

En el primer capítulo me referí a que la falta de logro no se debe a nuestras limitaciones personales o a falta de inteligencia, sino a nuestra falta de conciencia de un principio fundamental: los resultados —en particular los importantes— son producto de nuestra capacidad de tener éxito con otros. El éxito se construye con y por medio de nuestra capacidad de producir resultados en grupo. No comprender este principio nos condiciona a ser individualistas, centralistas y competitivos y limita nuestras posibilidades de producir enormes resultados y dirigir nuestras conductas hacia proyectos inimaginables. Ya que la individualidad lleva intrínseca la limitación de nuestra capacidad personal para construir riqueza, el modelo individualista nos conduce a éxitos limitados. No permite la conformación de grandes equipos interdisciplinarios que trabajen en pos de un gran objetivo común. Esto sólo se logra mediante la visión de abundancia adquirida cuando uno entiende lo que es ser líder en la vida.

Es más fácil parecer que ser

La mayoría de los problemas para desarrollar el liderazgo personal radica en la cultura que hemos asimilado de manera gradual y que se caracteriza por la abstracción del ser humano por el mundo exterior. La gente pasa la vida aparentando e impresionando a los demás y quien se guía por este modelo de pensamiento comienza a creer sólo en las cosas que observa, valora las cosas que toca y admira. Tal abstracción lo hace dependiente, una víctima cegada por el resplandor de su espejismo. Le dieron a probar el poder, la reputación, el ego, le administraron una droga que ya le gusta y no le permite ver otro camino de oportunidad.

Aquellos que son líderes de su vida no tienen ese conflicto; construyen su mundo exterior primero en su mente. Poseedores de una gran visión y claridad respecto de lo que desean, transforman su pensamiento en acción. Valientes por definición, viven en el límite máximo del riesgo con tal de obtener lo más preciado para ellos: sus objetivos.

Al desarrollar ese liderazgo personal funcionan de modo diferente. Están atentos a todo lo que le da sentido a su vida. Saben que la rigidez produce estancamiento. Entienden que el crecimiento radica en los cambios y no en el apego. Leonardo Da Vinci, el gran artista italiano, genio del Renacimiento, expresó: "Quien no pueda dominarse a sí mismo no podrá dominar jamás a los demás y a sus circunstancias".

Quienes no se forman esta conciencia tienden a adjudicar a la vida la culpabilidad de su falta de progreso. Pero no, uno debe comprender dónde se originan las cosas. Cuando nos golpeamos la rodilla contra la mesa, comprendemos que el dolor no está en la mesa, sino que es causado por algo que sucede en la rodilla.

Lo mismo pasa con la vida. El entorno no tiene el problema, el problema radica en cómo nosotros reaccionamos frente a los problemas. No estamos aquí para cambiar al mundo sino para vivirlo con base en los principios que gobiernan todos los órdenes de la vida. El día que asumamos la absoluta responsabilidad por nuestras acciones y dejemos de poner excusas, ese día comenzaremos a caminar hacia la cima de nuestra vida.

Las personas que han desarrollado el liderazgo personal saben que *el éxito reside en el cambio, en la adaptabilidad*. Comprenden que muchos esfuerzos toman un camino equivocado, pero que el problema no se encuentra en el camino sino en la elección que hacemos.

El liderazgo personal implica comprender que los obstáculos o la falta de crecimiento representan un elemento por resolver aunque no sepamos cómo o en qué dirección.

Los líderes aceptan que las dificultades forman parte del progreso. Saben que detrás del obstáculo está el camino, que no hay clemencia para aquel que de manera equivocada cree que los obstáculos son una injusticia que mina su propósito. No se trata de un proceso emocional sino eminentemente racional y lógico. Si los resultados no se están logrando, lo que debo cambiar es la forma en que hago las cosas y no encontrar en la injusticia la razón de nuestra falta de crecimiento.

¿Podría haber un líder que culpe siempre al mercado, a su equipo, a la economía y a la incapacidad de los políticos, de su falta de resultados? La única razón de la existencia de un líder es la necesidad de alguien que visualice los caminos de acción frente a los obstáculos que el medio interpone. Explicar lo que limita los objetivos no requiere mucha inteligencia ni destreza, basta considerar con racionalidad los acontecimientos que todos observamos. El liderazgo exige un pensamiento superior a los embates del entorno.

Es de sabios descubrir que la solución no está afuera sino en la dirección que le damos a nuestros propósitos. Para el éxito no es suficiente ser capaz, trabajador y honesto. Se necesita la elasticidad del bambú chino para recuperarse de los embates del ambiente y una gran dosis de inteligencia para cambiar los métodos, para modificar la manera en que hacemos las cosas.

> Un amigo mío es un brillante comerciante cuyo negocio son las tiendas de ropa. En innumerables ocasiones me ha comentado que algunas de sus tiendas no son rentables, pero él no desiste, no duda que el comercio es un buen negocio. Nunca las cierra, sino que cambia de giro hasta que encuentra el producto adecuado para la ubicación de su tienda. Cualquier otro cerraría; sin embargo, él sólo piensa en cómo resolver el problema. Se dice: "El entorno me grita en silencio que algo debo cambiar y trabajo en ello hasta solucionarlo".

Algo similar le sucede a muchas personas que trabajan duro pero con el producto equivocado. Y atribuyen su fracaso a su jefe, a la situación, a su empresa o a la falta de reconocimiento de ésta. Nunca piensan en cómo evolucionar con otro modelo de pensamiento.

Quienes tienen madera de líder sustentan el logro de sus metas en la fortaleza de su compromiso con su objetivo vital. Para ellos el simple hecho de que exista la posibilidad de alcanzar lo que anhelan los mantiene motivados, persistentes.

Así, el resultado se da como consecuencia y se reafirman su fe y su confianza en sí mismos. Como dijera Norman Vincent Peale: "Cuánta fe da un poco de éxito".

Los líderes piensan a largo plazo, los demás siguen su visión

Enfrentar el futuro con ideas que hemos usado en el pasado es visualizar la vida como algo estático. Cada uno de nosotros, sea cual sea nuestro objetivo, debemos buscar un mejor método. Aun si hoy logramos hacer las cosas bien la meta es hacerlas mejor.

Isaac Walton

La educación social que hemos recibido está centrada en el corto plazo y éste es el origen de muchos problemas en la construcción de las conductas del liderazgo personal.

La cultura de corto plazo no forja la mentalidad de opciones múltiples, se concentra en las limitadas alternativas que ofrece la inmediatez. Las mentes construidas en el corto plazo no pueden dimensionar, sólo ven la pérdida momentánea. Dejar de obtener algo en el corto plazo es abdicar al éxito y aceptarlo como una pérdida. En consecuencia, luchan despiadadamente por conseguir lo máximo hoy. El día a día se torna en una lucha frontal por tener lo que sea; la actitud es: "Si tú lo obtienes yo lo pierdo" y esa sensación de pérdida no puede ser aceptada por el ego, por el sentido de apego y pertenencia. De ahí surge la actitud competitiva, destructiva y poco racional del ser humano actual. El tiempo corre en contra de nuestros intereses y, en consecuencia, no podemos dejar de ganar temporalmente.

Al plantearse un objetivo, el líder entiende que puede perder y también ganar. Puede ceder hoy con la conciencia de que ello le permitirá alcanzar el objetivo de mañana. Este nivel de tolerancia y desapego lo comprenden las personas que tienen una visión, que captan la dimensión del tiempo y de las cosas. Los maestros más importantes y persistentes son el tiempo y el principio universal que gobierna el balance entre el corto y el largo plazos, que por desgracia acaba por matar a todos sus discípulos. Si usted incorpora a su estructura mental las leyes que constituyen este principio de vida, el éxito y la sabiduría vendrán por añadidura. Los principios son pura inteligencia aplicada, pero dependen de la intención que el ser humano les impregna. Por desgracia, la intención es un maestro aprendido en nuestra educación de lo inmediato. Esta cultura del microondas crea una conducta angustiosamente competitiva por el triunfo en el corto plazo e incapaz de construir buenas relaciones en equipo basadas en la cooperación hacia un objetivo común, ya que ello es interpretado por la educación aprendida como una pérdida en el corto plazo. La gente que vive en el corto plazo sólo ve por su bien personal, lo cual fomenta un espíritu de desconfianza, manipulación e ironía para con los demás, incluso entre los miembros de la familia. Lo paradójico del corto plazo es que se construye en la filosofía de que "el fin justifica los medios", ya que no hay tiempo que perder. Y esta factura la vida siempre se encarga de cobrárnosla.

Nos enseñaron técnicas para relacionarnos con los demás

Estamos inmersos en el mundo de la información, mediante una sofisticada red de tecnologías, que buscan más el perfeccionamiento de nuestro "hacer" y la aplicación precisa de las habilidades gerenciales, pero no se orientan al desarrollo de nuestros atributos de liderazgo.

Casi todas las personas que trabajan en las empresas han sido entrenadas en técnicas de comunicación, formación gerencial, negociación, trabajo en equipo y liderazgo, según la situación en cuestión.

Sin duda, esas técnicas son instrumentos óptimos para el desarrollo de nuestras habilidades, es decir, desarrollan el hardware, la parte dura de las conductas, cambian las formas mediante su aprendizaje; pero jamás cambian el origen de las conductas, lo cual destina a la persona a repetirlas una y otra vez. Y más aún en los momentos críticos de alta presión.

Sin embargo, el uso de las técnicas no nos transforma en líderes; si así fuera, el desarrollo del liderazgo sería por demás sencillo. Con sólo pasar por varios diplomados en liderazgo transformaríamos nuestra conducta de líderes y usted bien sabe que nuestra mente no responde con tanta facilidad.

Hace tiempo fui testigo de un acontecimiento que ilustra a la perfección lo antes mencionado. Un día, en uno de los andenes del transporte colectivo metro vi a una anciana que iba caminando. De pronto, se interpuso en su camino un joven que de un empujón le arrebató el bolso y con una maniobra perfecta se lo arrojó a otro joven, quien a su vez lo entregó a un tercero. El trío de ladrones se esfumó en forma instantánea. Todos quedamos inmóviles ante tamaña destreza y rapidez para consumar la felonía.

Analicemos el hecho con objetividad y nos daremos cuenta de lo siguiente:

¿Lograron su objetivo? **Sí.**

¿Tuvieron éxito? **También.**

¿Trabajaron en equipo? **Sin duda.**

¿Con cero defectos? **Sí.**

¿Con calidad total? **Por supuesto.**

¿Hubo cooperación? **Sí.**

¿Estaban motivados por el resultado? **Sí.**

¿Su actitud mental fue positiva? **También.**

¿Hubo excelencia en su desempeño? **Sin duda.**

Todas las técnicas aquí mencionadas fueron aplicadas por ladrones, con intereses personales y de corto plazo.

El secreto del liderazgo no se vincula sólo con las técnicas que uno aprenda, sino también con los valores con que se aplican, ya que su aplicación cambia de manera radical cuando ellos rigen la conducta de una persona. Aunque sabemos que las técnicas no necesariamente significan sabiduría, ignorarlas nunca es una opción razonable ni aconsejable.

El éxito se logra cuando triunfamos en las relaciones interpersonales con nuestro equipo. La comprensión de este principio indica que para mantener buenas relaciones con los demás, las técnicas no son las determinantes. Tienen poca incidencia para que una persona se transforme en líder. ¿Ha observado cuántos niños en las escuelas demuestran su capacidad de liderazgo y cuántos obreros y campesinos han sido líderes sin haber estudiado nunca técnicas de relaciones interpersonales? Sólo aplican instintivamente los principios que rigen las conductas de los seres humanos cuando persiguen una meta común.

Los grandes éxitos que uno puede lograr con los demás surgen de librar primero nuestra batalla con nosotros mismos. Necesitamos revisar la estructura de nuestro "ser" antes de hacernos expertos en las habilidades de nuestro "hacer".

Todas las corrientes del liderazgo y la administración se enfocaron a analizar el quehacer del líder; por ende, las técnicas surgieron como el recurso para resolver los problemas de la falta de liderazgo de las personas. Resulta lamentable, pero una vez más el ser humano confundió la causa con el efecto.

61

Importancia de los valores

Los líderes enseñan más por lo que son y por lo que hacen. La profundidad del silencio conviene más que un mensaje motivador.

MARTIN LUTHER KING JR.

Hemos crecido en un entorno en el que —como dicen los economistas— el crecimiento personal es de *"suma cero"*, es decir, donde cualquier crecimiento lo logramos a costa de los demás. Es mi éxito o el tuyo. En este mundo de la dicotomía, la técnica para sobrevivir a corto plazo parece justificable.

Muchos me preguntan: ¿se necesita tener valores para ser líder? Mi respuesta es un rotundo sí, pues la naturaleza del liderazgo en la familia o en la empresa es de largo plazo y no podemos aplicar métodos rápidos de corto plazo.

Si nuestro objetivo es de corto plazo y buscamos el beneficio personal dentro de esta temporalidad, entonces el fin justifica los medios. La congruencia entre lo que se diga y lo que se haga no es trascendente en estos casos. No en pocas ocasiones hemos visto presidentes de países actuar en beneficio personal y hacernos creer que trabajaban para el beneficio de su pueblo. Hemos visto a narcotraficantes y terroristas diseñar estrategias muy creativas y dirigir grandes redes en el mundo. Hemos visto a pandillas y sus líderes atemorizar a la autoridad. Pero la temporalidad de sus oficios no forma parte de nuestro tema ya que usted seguramente desea ser un líder que pueda influir y trascender en su empresa, en su equipo de trabajo, en su familia y en su vida personal, para dejar un legado de su existencia.

Aplicar acciones de corto plazo de modo consistente en situaciones cuya naturaleza es de largo plazo es como resolver el problema de la contaminación prohibiendo a la población utilizar su automóvil un día a la semana. Si las relaciones son de largo plazo, como lo son las de liderazgo, utilizar con consistencia técnicas de corto plazo para controlar las conductas y alcanzar los objetivos termina por representar un desgaste y un rompimiento de la confianza, de la armonía. Los resultados que así se logran son inconsistentes, parciales, destruyen la vinculación y la relación del líder con su grupo y desarrollan un clima de trabajo que nadie desea mantener. Cuando el líder no comprende esta situación, opta por pretender resolver el problema con un curso de motivación, de integración y de trabajo en equipo para compensar la ineficacia del modelo de dirección que inconscientemente desarrolló. Pero, sin que su falta de conciencia del origen justifique sus decisiones incorrectas, muchos líderes recurren a parches motivacionales para remendar la falta de integración, trabajo en equipo y responsabilidad personal del grupo. Con una conclusión sociológica, aducen que la gente no comprende y no está comprometida con la empresa y sus objetivos. Tal vez esto sea cierto, pero no es la causa sino el efecto de una causa que muchos líderes no perciben.

Los valores son de enorme importancia en el desarrollo del liderazgo personal, pues nos enseñan que no es posible tratar a las personas a nuestro antojo, según nuestro estado de ánimo, y tener éxito con ellas. Hay leyes universales que rigen las relaciones interpersonales y regulan el éxito o el fracaso de un líder con su equipo. Violentarlas sistemáticamente llevará sin duda a tener que aplicar por fin el poder para que la gente responda a sus compromisos. El escritor Merry Brown sostiene: "Por desgracia nuestra sensibilidad hacia el atractivo de los símbolos de la riqueza material ha sido una mala sustituta de los valores".

Quisiera hacer referencia a algo que me sucedió hace tiempo y retrata lo que intento expresar. Siendo muy joven probé mi espíritu aventurero y entrené durante varias semanas para lanzarme en paracaídas. En las prácticas observaba el trabajo de los más experimentados; un día me acerqué a uno de ellos que con gran paciencia doblaba su paracaídas y con candidez le pregunté: "¿Cuánto tiempo le tomó aprender a empacar su paracaídas?". Él continuó concentrado en su labor y ni siquiera me contestó. Mi reacción inmediata fue pensar: "Éste es uno de los tantos pedantes que deambulan por aquí". Pero, en cuanto terminó su trabajo, me dijo: "Tu instructor te indicará cuándo podrás hacer este trabajo, en unos meses estarás listo, no te preocupes", y seguimos el diálogo.

En ese momento comprendí la razón de su silencio: estaba totalmente abstraído en doblar su paracaídas en la forma correcta. Para garantizar que se abriera cuando jalara de la cuerda no podía descuidar la minuciosidad estricta que reclaman ciertos principios de la física. En las relaciones interpersonales sucede lo mismo.

Si quieres dirigirte hacia un propósito debes servir a los demás con el corazón.

Warren Bennis

63

El líder que triunfa en su relación con otros no utiliza las conductas que él quiera con la gente, así como el paracaidista no puede empacar su paracaídas como se le antoje. El incumplimiento en el caso de este último puede significar la muerte, en tanto que en el de aquél sería el fracaso en las relaciones y la incapacidad de influir sobre su equipo.

De igual manera, el ingeniero que diseña un avión debe cumplir con los principios de la aerodinámica y el constructor de un edificio no puede ignorar los principios de la física. Sólo cuando se aplican principios podemos predecir el resultado de nuestras acciones. Y éste es también el caso de las relaciones que erige un líder: deberá conocer las bases que rigen las relaciones interpersonales de largo plazo, para así poder aplicar con corrección las técnicas gerenciales que le enseñen en los cursos de capacitación de su empresa. La aplicación de los principios y valores en las relaciones fortalecerá su posición y la relación a largo plazo a través de su integridad como persona.

La sabiduría para construir el liderazgo personal

La sabiduría en el líder es trascendental ya que le permite aplicar el sentido común, la lógica, la inteligencia y no el instinto reactivo, la visceralidad, el ego o el impulso emocional que la situación estimule.

El líder que usa la sabiduría no sólo empuja para que las cosas sucedan, sino que también permite que el proceso de los acontecimientos llegue a su nivel para saber cuándo actuar. Ha aprendido que cuando uno desea tomar una decisión, el momento propicio lo es todo. Sabe que presionar de modo permanente bloqueará los procesos. Está consciente de que las cosas pueden cambiar su curso y no necesariamente surgirán en la forma como las planeó.

El líder que actúa con sabiduría mantiene a raya su egocentrismo. El liderazgo es, por definición, la persecución de un objetivo común y no de sus propios intereses. Sabe que uno crece más si pone el bienestar del grupo por encima de todo.

Por ello, enseña más con el ejemplo que predicando a los demás qué deben hacer, con grandes discursos motivacionales.

Cuando uno se cree muy virtuoso y superior al grupo, los miembros del equipo del líder dejan de serle leales y están con él sólo por conveniencia. Por tanto, el ego moderado es más sabio.

El liderazgo no se asienta en las técnicas o habilidades aprendidas, sino en la capacidad de comprender lo que sucede y actuar al respecto. Aún más, es más probable que un líder encuentre la solución en el silencio que en el mismo bullicio eufórico de sus ideas.

El líder débil habla mucho, crea una elite de seguidores incondicionales; usa incluso el miedo y la fuerza para vencer la resistencia. El líder sabio facilita los procesos. Si uno no confía en otros los demás no creerán en uno. Si el líder se limita a controlar puede perder el proceso de evolución del grupo y la adhesión de su gente. Cuando sólo presiona, cree que facilita el desarrollo del grupo, pero en realidad lo bloquea.

El líder que actúa con sabiduría es maduro, siente seguridad aun en situaciones críticas del entorno, ya que tiene seguridad en sí mismo y conciencia de la situación. El líder que ve claro ilumina el camino de su personal y hay que tomar en cuenta que todos los grupos en este mundo necesitan de un líder para conducirse con mayor facilidad.

Trata a las personas como pueden llegar a ser y ayúdalas
a convertirse en lo que son capaces de ser.

GOETHE

Cuando un líder encuentra que hay situaciones permanentes agresivas y duras dentro de su grupo, éste es un aviso de que actúa de manera incorrecta, que hay un problema que atender. El comportamiento autocrático puede demostrar brillantez, pero la herida que produce en su equipo será muy profunda, dará paso al resentimiento y a que su lealtad sea más a su salario que al mismo líder. Por ello es posible que tenga éxito a corto plazo, lo que será su derrota como líder. Porque la acción sin respeto produce un resultado temporal satisfactorio aparente. Cuanto más coercitiva, más resistencia pasiva desatará.

De ahí que muchos hijos, aunque aman a sus padres, no tienen la confianza de hablar con ellos sobre temas de profunda confidencialidad. La pérdida de la confianza y la credibilidad será un proceso inevitable; por ende, habrá que aumentar el control y la supervisión, lo cual se tornará en un círculo vicioso y en una profecía que se autocumple. ¿Ha observado usted que la mayoría de los padres imponemos más normas cuando los hijos no estudian o desobedecen? ¿Ha visto también cómo se aumentan las políticas y los controles en las empresas en cuanto observan indisciplina? El paradigma construye una relación directa entre el incremento de los problemas y el incremento de controles y normas disciplinarias.

Dado lo anterior, ser líder es un proceso que requiere sabiduría, ya que para manejar la vida de los demás, como la de nuestros hijos o colaboradores, o la nuestra, hay que ejercer mucha fuerza, pero también mucho poder interior y fortaleza. Sin duda, saber conducir a los demás exige inteligencia, pero conocerse a sí mismo como líder demanda gran sabiduría. El líder que pierde conciencia de lo que está sucediendo no sabe actuar con racionalidad y si falla reacciona con mayor agresividad con su grupo, ya sean sus hijos o su equipo de trabajo. En cambio, el líder sabio se aleja del problema y busca comprender lo que sucede. El poder de un líder nace de comprender, no de acometer. El poder surge de la cooperación, no de la coerción, ya que el primero busca un resultado a largo plazo y el segundo a corto plazo.

Si yo deseo influir como líder, primero debo poner orden en mi vida. Mi relación con los demás nace de cómo me relaciono conmigo mismo. Si mi conducta es íntegra, ganaré más respeto y seré más poderoso en lo que digo y lo que hago. Mi conducta comenzará a influir en mis hijos, mis colaboradores, en la gente que me rodea. Y el poder y el respeto emanarán en consecuencia.

Cuando las personas se transforman en líderes entienden que la verdadera fortaleza no surge de las palabras y grandes discursos o desplantes de emotividad y buena conducta. Entonces se convencen: ¿para qué fingir? Lo que demostramos con nuestro comportamiento crea lealtad, otorga una luz. Por eso la integridad de quienes desarrollan el liderazgo no es producto del idealismo o la moralidad, sino que nace de un conocimiento inteligente de cómo funcionan las cosas, de que las relaciones de largo plazo así se construyen y cuáles son las consecuencias que pagarán por su incumplimiento.

El líder debe demostrar consistencia entre sus mensajes y conductas. Debe ser lo que dice. Los seguidores necesitan alguien en quien creer, alguien que crea en ellos, los aliente y les exija.

Experiencia no es lo que le sucede a la persona, sino lo que ésta hace con ello.

ALDOUS HUXLEY

Aquel que cultiva su liderazgo está atento a lo que ocurre con los resultados y su primera reflexión es: "¿qué estoy haciendo o dejando de hacer para que suceda lo que sucede?". No lo atribuye a la irresponsabilidad e inmadurez del grupo, de sus hijos o de quienes lo rodean. Intenta buscar primero en su interior. Comprende que él es la pieza clave de lo que sucede, puesto que tiene un objetivo, un grupo y una visión que cumplir y posee autoridad formal. Y el conocimiento de lo que ocurre le otorga más poder y control que todos los títulos universitarios y los cursos de técnicas gerenciales. No olvidemos que el liderazgo es un proceso natural en el hombre y que muchos de nuestros hijos, por pequeños que sean, muestran indicios de este atributo. Por consiguiente, las personas más cultas y preparadas no necesariamente tienen la sabiduría para aplicar sus principios y conducir su vida y la de los demás.

Está comprobado que es imposible seguir a una persona egocéntrica y arrogante. Que quien quiere ser líder vivirá en el error si coloca sus intereses personales por encima de los de su grupo. Que el uso de su poder y autoridad no controlará al grupo ni integrará a la gente. Todas estas conductas producen efectos contrarios que aíslan al líder y provocan resistencia y falta de confianza en aquellos que lo rodean. Esto lo obliga a utilizar cada día más el poder y la alianza con unos pocos adeptos incondicionales, cuya lealtad sólo puede conservar manipulándolos con privilegios materiales, así como a controlar a los incorregibles. Ahora, de manera creciente, el poder se comparte con las personas que trabajan cerca del cliente y de las máquinas, práctica llamada facultamiento (*empowerment*) por los expertos en administración. El modelo rígido e inflexible del líder se convierte en un obstáculo para el proceso del grupo. Esto no es de sorprender si tomamos en cuenta que, aunque cuando nacemos somos flexibles y empáticos, con el paso de los años nos hacemos rígidos e inflexibles. Este proceso parece ser universal. Por ejemplo, las plantas también pasan por él: cuando son jóvenes son elásticas y flexibles, cuando crecen se vuelven rígidas y resistentes. Los líderes que mantengan una actitud como ésta no podrán manejar la flexibilidad y adaptabilidad de sus hijos ni de los jóvenes profesionales que ingresan en las organizaciones. La flexibilidad y adaptabilidad tenderán al crecimiento y la rigidez e inflexibilidad al estancamiento.

El líder sabe que su éxito no está en el objetivo, sino en el camino hacia él.

Bill McCarthy

La capacidad de ser flexible y adaptable le permite al líder gozar de una mayor velocidad de recuperación en las situaciones de conflicto, ya que será cada día más fuerte como persona.

Su éxito radicará en su velocidad de reacción y recuperación, así como en su modo de actuar firme, calculador y consciente de lo que sucede, más que impulsado por los sentimientos. Se rige por la razón y la sabiduría y trabajará en ello las horas, días, meses y años que sean necesarios para lograr su meta.

Para tal fin requerirá velocidad, perseverancia, racionalidad, adaptabilidad y fortaleza de carácter. Sabe que no es necesario coleccionar éxitos personales sino que al compartirlos con los demás alcanzará más y más objetivos.

Para un líder siempre será más importante reaccionar con sabiduría y conocimiento de los principios que rigen las relaciones interpersonales que exponer en forma académica grandes teorías explicativas de la situación.

☞ *Conclusiones*

- Los líderes son diferentes, están atentos a todo lo que les da sentido en la vida. Saben que la rigidez mental produce estancamiento y que el crecimiento reside en el cambio y no en el apego.

- Los grandes líderes comprenden que podemos luchar en un camino equivocado, pero que el error no está en el camino sino en nuestra elección.

- Las técnicas para aprender liderazgo no nos hacen líderes; si así fuera, bastaría con tomar un diplomado. La clave es aprender los principios que lo rigen.

- La competencia entre el grupo es un asunto de "suma cero". Todo objetivo que se logre será a costa de quitarle algo a los demás.

- No es posible tratar a las personas a nuestro antojo y según nuestro estado de ánimo y luego pedirles compromiso y responsabilidad. Los principios mandan en las relaciones.

- Saber dirigir a los demás requiere inteligencia, pero conocerse a sí mismo como líder exige sabiduría.

- La cultura del corto plazo no construye la mentalidad de las opciones múltiples y no permite dimensionar las cosas. Para los líderes de corto plazo un error es una pérdida irreparable que afecta su ego y por ello compiten despiadadamente, aun contra su equipo.

- Si usted como líder desea influir en los demás, debe poner orden en su mente. Su relación con los demás nace de la manera como se relaciona consigo mismo.

- Las personas que se transforman en líderes entienden que la verdadera fuerza no está en los grandes discursos sino en lo demostrable. La congruencia armoniza, direcciona y construye confianza.

- Los grandes líderes comprenden que el éxito no está en el objetivo sino en el camino hacia él.

⏱ *Reflexiones*

Analice lo siguiente:

1. ¿Los grandes resultados que ha tenido en su vida fueron producto de su egocentrismo e individualidad o del trabajo en conjunto con otros?

2. ¿El mundo exterior y de la apariencia puede estar afectando las relaciones con su equipo?

3. ¿Tiende a culpar con frecuencia de sus errores a los factores externos: sus jefes, la economía, sus colaboradores o sus competidores?

4. ¿Ha pensado que su falta de éxito como líder no está fuera de usted sino en la dirección que le ha dado a sus decisiones?

5. ¿Qué hábitos de pensamiento ha desarrollado más en usted: de largo plazo o de corto plazo?

6. ¿Se ha percatado de que pensar en el corto plazo puede hacerlo dependiente de las circunstancias y actuar agresivamente buscando ganar sólo usted y no su equipo?

7. ¿Su equipo de trabajo ve sólo el corto plazo o está comprometido con su visión estratégica de largo plazo?

8. ¿La cultura de su equipo ha sido de valores, se ha centrado en principios, ha buscado el bien común y los resultados en conjunto?

9. ¿Ha sido educado en el modelo de liderazgo de presionar o buscar culpables cuando hay errores, más que preguntar, comprender y resolverlos juntos?

10. ¿Es usted un líder reflexivo o actúa con coerción frente a los problemas?

11. ¿Es usted un líder consistentemente íntegro entre lo que dice y lo que hace, entre lo que promete y luego cumple con su gente?

12. ¿Ha reflexionado que un joven o un campesino que apenas sabe leer y escribir puede ser un líder de masas y que personas con educación superior, maestría y doctorados no saben cómo influir y sólo mandan? ¡El liderazgo es una forma de pensar que usted puede construir si trabaja duro consigo mismo!

✔ *Autoevaluación capítulo 3*

Desarrollo de las capacidades como líder

Evalúe su actuación como líder, tal cual es en la actualidad, y no como debería ser, calificando de la siguiente manera:

1 = Casi nunca   2 = A veces   3 = Con frecuencia   4 = Casi siempre

1. ¿Es usted una persona que compra por impulso sólo porque le gusta? .... **1 - 2 - 3 - 4**

2. ¿Tiene la idea clara de lo que desea para su futuro? .... **1 - 2 - 3 - 4**

---

3. ¿Mantiene la calma frente a los problemas complejos que surgen? .... **1 - 2 - 3 - 4**

4. ¿Busca alcanzar los intereses comunes? .... **1 - 2 - 3 - 4**

5. ¿Es usted competitivo aun en actividades simples cotidianas? .... **1 - 2 - 3 - 4**

6. En situaciones de conflicto, ¿se repliega y toma tiempo para pensar? .... **1 - 2 - 3 - 4**

7. ¿En discusiones tiende a presionar a la gente? ...... **1 - 2 - 3 - 4**

8. ¿Existe credibilidad y confianza entre los integrantes de su equipo? .... **1 - 2 - 3 - 4**

9. ¿Hay en su grupo cooperación y ayuda mutuas e incondicionales? .... **1 - 2 - 3 - 4**

10. ¿Es usted un líder flexible y adaptable a las situaciones de cambio? .... **1 - 2 - 3 - 4**

Sume los números que marcó y analice sus resultados:
SUMA TOTAL:

26 a 30 puntos = su perfil de líder es excelente.
17 a 25 puntos = necesita trabajar en su desarrollo como líder.
10 a 16 puntos = debe hacer un cambio significativo en su modelo de liderazgo.

Evaluación
ON LINE
Liderazgo

Si lo desea puede realizar su autoevaluación en línea a través de nuestra página de internet:
www.borghino.com.mx

✍ *Plan de acción para el próximo lunes*

1. Identifique si es usted una persona que suele buscar excusas para no hacer las cosas, o achaca a las circunstancias o a otras personas la culpa de que no salgan como las planeó. Si es así, analice qué ha hecho o dejado de hacer en las últimas ocasiones en que los resultados no se cumplieron.

2. Identifique si es usted una persona que tiene planes en su vida o si deja que las cosas surjan de acuerdo con los acontecimientos. Analice cuánto ha perdido por actuar de esa forma.

3. ¿Es usted de las personas que con facilidad pierde los estribos, agrede a los demás, levanta la voz o se irrita? Analice en detalle las consecuencias que esto ha tenido en sus relaciones interpersonales.

4. Analice si es usted una persona congruente en lo que dice y hace y lo que promete y luego cumple, o si con frecuencia pospone los compromisos contraídos.

5. ¿Es usted egocéntrico y hedonista, le gusta siempre lucirse frente a los demás? Analice cómo elevar su sentido de consideración, su humildad ante los demás.

Pregúntese acerca de lo aprendido en este capítulo

❐ Qué puedo aplicar en mi vida **profesional**.

❐ Qué puedo aplicar en mi vida **personal**.

❐ Qué **cambios** debo realizar en el corto plazo.

4. EL HÁBITO DE TRIUNFAR

Las oportunidades pequeñas a menudo son el comienzo
de grandes empresas.

DEMÓSTENES (352 A. C.)

¿Qué puede esperar de este capítulo?

En este capítulo usted:

1. *Tomará conciencia de que aquel que sabe dirigir tiene hábitos de conducta que lo conducen a evolucionar y mejorar todo lo que hace.*

2. *Conocerá que la fortaleza del líder se observa en la manera como responde al entorno.*

3. *Conocerá los hábitos que lo llevarán a ser un gran líder.*

4. *Identificará que existe un círculo de ganadores y un círculo de perdedores condicionados por los hábitos aprendidos.*

5. *Aprenderá en qué forma los líderes son responsables de resolver los problemas del medio que interfieren con sus objetivos.*

73

6. *Aprenderá que los líderes son responsables de sus decisiones y no se subordinan a los problemas del entorno.*

7. *Conocerá que los líderes comprenden que la capacidad de dirigir su vida y la de los demás nace de su responsabilidad por sus actos y decisiones.*

8. *Identificará que el liderazgo personal antecede a nuestra capacidad de dirigir a otros seres humanos.*

La persona que sabe dirigir tiene hábitos de éxito

Aquel que sabe dirigir, que es líder de sí mismo y conduce su destino, por lo general tiene hábitos que lo conducen a evolucionar y mejorar en todo lo que hace.

Con frecuencia, sólo hay una pequeña diferencia entre los más altos líderes y quienes simplemente "lo hacen bien". El secreto reside en los hábitos de conducta que encaminan al éxito.

La vida no sólo sucede. Todos sus resultados dependerán de las decisiones con las que responda al entorno. Si usted ha desarrollado hábitos que lo orillan a tomar malas decisiones de manera constante, su vida será un desastre. En efecto, sus decisiones cotidianas, siempre fundadas en los hábitos que ha incorporado, determinarán su tipo de vida. Por ende, los hábitos juegan un papel fundamental en su éxito como líder. El trabajo para forjarse como tal implicará incorporar hábitos que lo dirijan a ese éxito.

¿Qué es un hábito?

Un hábito es producto de una conducta repetitiva. Si desea incorporar uno nuevo a su comportamiento deberá persistir hasta que se transforme en un reflejo automático más. Una maravillosa característica de los hábitos es que son adquiridos, por lo que puede reprogramarse cuando lo decida, si está dispuesto a pagar el precio del sacrificio. Lo trascendental para incorporar un nuevo hábito es que jamás deberá haber excepciones. En otras palabras, si usted se compromete a construir una vida de liderazgo, deberá trabajar cada día en ello, sin excepción ni posposición. Es como el ejercicio: si para usted la salud es lo más importante, deberá practicarlo con consistencia, dado que comprende el beneficio que obtendrá a largo plazo.

Cambio es el transcurso de tiempo que existe entre la creación y la destrucción.

Jack Welch

Si desea ser un líder, asegúrese de incorporar a su conducta hábitos que lo alejen de las masas, de los millones de seres atrapados por la cultura del corto plazo y por la falta de voluntad que los llevan a lograr lo menos posible de la vida y a justificar con excusas el no ser, hacer o tener lo que quieren. Asegúrese también de incorporar hábitos que sean los adecuados y correctos para alcanzar sus propósitos.

Los hábitos que incorpore hoy determinarán su futuro: de triunfo o de fracaso, rico o pobre, saludable o no. Es su decisión personal construir las conductas que fomentan la dirección de su vida y la capacidad de dirigir a otros hacia una meta común.

Los líderes obtienen más de la vida

Un dato curioso es que los líderes viven mejor que el resto de las personas, sin importar su nivel educativo, religión, raza o idioma. En general su nivel social es mejor, sostienen mejores relaciones y construyen su vida con mucha perseverancia y don de mando.

Los hábitos del liderazgo son universales y no tienen fronteras. En todo el mundo se observa día con día a personas desconocidas pasar a la fila de los reconocidos por su labor en la construcción, dirección, transformación o cambio de algo en el mundo. Ese riesgo sólo lo corren aquellos con madera de líder. Si usted es uno de ellos, su objetivo primordial será tener lo mejor y hacer de su vida un milagro en el que usted y sus seres queridos se sientan orgullosos de sus logros. Le sugiero lo siguiente: explore en su interior las conductas que lo han llevado a sufrir fracasos en los últimos años, aprenda de ese análisis y comience cada semana no sólo a trabajar duro como lo ha hecho durante tantos años sino a trabajar duro contra lo que lo ha encajonado. La elección cotidiana de mejores hábitos día con día influirá en mejorar su vida y su capacidad de dirigirse a sí mismo y a los demás.

La sociedad actual nos ha educado para vivir en la búsqueda de la gratificación inmediata en el corto plazo. Esta conducta nos hace consumistas, ególatras y esclavos de las deudas y del estrés, que luego atribuimos a nuestros reducidos ingresos y a nuestra escasa o nula capacidad de pago. Si usted no cambia su conducta continuará padeciendo las mismas consecuencias. Es decir, si conserva los mismos hábitos conseguirá resultados muy predecibles. Sus hábitos negativos seguirán guiándolo por el camino del cencerro, de la conducta masificada, dependiente del entorno, de los estímulos del marketing y del espíritu consumista que, al impulsarlo a compararse con sus amigos, vecinos o compañeros, lo incentiva para alcanzar lo que los demás tienen o son y no lo que usted desea. De persistir, vivirá una vida inútil y falsa buscando ser lo que los demás son y perderá la oportunidad de alcanzar los grandes propósitos por los cuales nació.

Tener un propósito es la esencia del liderazgo. Sin un propósito no construirá una misión, una visión y una razón por la cual existir.

REBECA WEST

Si pretende disfrutar una larga vida sabe de antemano que sus hábitos deberán orientarse a la salud, la buena nutrición y el ejercicio. Los seres humanos que no dirijan su vida serán entes masificados que adoptarán modas, se dejarán llevar por una inercia indefinida y terminarán por ser como otros líderes, fumar los puros que otros ponen de moda, conducir los modelos de automóviles de otros, vivir en casas con estilos de otros y contribuir al éxito de otros. O también pueden perderse como les sucede a ciertos roedores en la campiña irlandesa: cada año varios grupos de ellos mueren al ser guiados por un líder que los lleva a un suicido colectivo (en el capítulo 5 comentaré esto con mayor detalle).

Sin embargo, el líder entiende que la vida está construida por rutinas y que la suma de nuestras actividades determina cómo será aquélla. Somos seres de hábitos, lo que de alguna manera es un beneficio ya que nos hace predecibles y consistentes. Lo importante es si sus hábitos son los de un líder o los de un seguidor, o si tiene una mente de seguidor y ocupa un puesto de jefe (modelo muy frecuente en las empresas). Es esencial que comprenda que sus conductas son actos reflejos e inconscientes producto de sus hábitos adquiridos. Los hábitos nos viven, pero necesitamos fortaleza para reconstruirnos. De no ser así, estaremos destinados a vivir siendo dependientes de las decisiones de otros y de los mensajes masificados de la sociedad. Si usted no está contento consigo mismo o con sus resultados, analice sus conductas, establezca un plan de cambio y trabaje duro para forjarse el liderazgo que desea.

Cambie sus hábitos y cambiará su destino

El mensaje es que si usted incorpora nuevos hábitos sobre los viejos, podrá transformar su vida. Ahora bien, el proceso no es instantáneo. En un principio los hábitos viejos influirán sobre los nuevos, pero si es consistente, de manera progresiva el hábito viejo irá cediendo terreno ante el nuevo. No bien pruebe usted las mieles de los beneficios del nuevo hábito, ya no querrá regresar al nivel inferior de vida en el que inconscientemente el viejo hábito lo mantenía prisionero. Esta sustitución de los hábitos trabaja igual que si usted tuviera un vaso con agua sucia; si en forma progresiva le incorpora agua pura, con el tiempo la sustitución persistente terminará por llenar el vaso con agua pura. Así actúan los hábitos.

La conciencia de un hábito no cambia su vida. Tener conciencia de que fumar puede construir células cancerosas en su cuerpo no necesariamente cambiará su debilidad por el tabaco. Estar consciente de que tiene veinte kilos de sobrepeso no lo hará renunciar de modo automático a sus hábitos de alimentación. Más bien, se trata de un proceso que comienza a trabajar en nuestro beneficio cuando nos hartamos de nuestros hábitos y empezamos a sentir en lo más profundo cuánto perdemos cada día por no cambiar. Cuando renunciamos en las mañanas a levantarnos para hacer ejercicio, esto se transforma en un satisfactor superior al beneficio de tener una mejor salud física y nunca será el resorte que lo hará saltar de la cama para iniciar sus ejercicios.

Un ejercicio práctico

Si usted incorpora las conductas que hemos analizado en capítulos anteriores, y las que desarrollaré en los próximos, podrá construir sus hábitos de liderazgo. Recuerde, su vida no cambiará hasta que usted no cambie. Integre hábitos que la dirijan y tendrá más éxito y paz interior, ya que será más congruente consigo mismo y con sus anhelos. Lo invito a hacer un ejercicio.

1. Tome una hoja y elabore una lista de los malos hábitos que no le permiten ser más productivo. Describa aquellos que no contribuyan a su liderazgo profesional o personal. Recuerde que *su vida es producto de lo que hace, no de lo que sabe*, es decir, de la aplicación diaria de nuevas conductas.

   El análisis de nuestros malos hábitos nos lleva a un nivel de conciencia que es básico para nuestra mente sofisticada, la cual lo toma sólo como un acto de reflexión, no de resultados. El nivel superior se alcanza cuando usted pone el pensamiento en acción. Por ello su éxito como líder provendrá más de los hechos que del conocimiento: "saber es saber, no hacer". La historia de su vida se escribirá con hechos, no con intenciones.

2. Una vez elaborada la lista anterior, defina los nuevos hábitos con los que sustituirá los malos que recién identificó.

3. Desarrolle un plan de acción y póngase a trabajar en moldear sus conductas de líder. Con el tiempo usted y sus seres queridos observarán una gran diferencia en sus resultados y en forma gradual recibirá el fruto de su nueva conducta.

Principios conductuales para guiar el desarrollo de su liderazgo

Confíe en usted mismo, entonces sabrá lo que es vivir.

GOETHE

Las personas que dirigen su vida cultivan conductas que con el tiempo se transforman en hábitos repetitivos.

Hace muchos años se rodó una película titulada *El hábito de triunfar*, sobre un gran entrenador de fútbol americano llamado Vince Lombardi, quien ganó más de cinco campeonatos mun-

78

diales seguidos. Lombardi, un filósofo de la vida y un agudo conocedor del comportamiento humano, lo que le permitió ser un gran líder de su equipo, los Empacadores de Green Bay, es recordado hasta hoy y forma parte del Salón de la Fama como el más grande entrenador de Estados Unidos. Él decía: "Primero construimos nuestros hábitos y luego ellos nos conducen a nosotros". El secreto es que los hábitos que nos forjemos desarrollen conductas orientadas al éxito, reafirmen nuestro carácter, nuestras convicciones y nuestros deseos más ardientes.

Lombardi era un convencido de que hay seres humanos que pertenecen al círculo de los ganadores y otros al de los perdedores. En otras palabras, unos que dirigen su vida y otros que son dirigidos. Los primeros controlan las situaciones, los segundos son controlados por ellas. Unos logran grandes resultados y los otros lo que las circunstancias les permiten.

Vince Lombardi identificó algunas conductas que distinguen a unos y otros, las cuales comparto aquí:

- Los **ganadores** asumen la responsabilidad personal por lo que les sucede. Tienen capacidad de autocrítica. Reflexionan y actúan.

  Los **perdedores** siempre buscan un culpable de lo que les pasa. Buscan en el entorno las razones de su fracaso: alguien los perjudicó, alguien fue el causante.

- Los **ganadores** ponen su pensamiento en acción. La acción es el recurso que imprime la energía para actuar frente al entorno.

  Los **perdedores** tienen miedo al riesgo, a fracasar al intentar cumplir sus objetivos. Toman decisiones sólo cuando las circunstancias se tornan más propicias. La seguridad del entorno es el único recurso que les permite actuar.

- Los **ganadores** siempre se arriesgan dado que miran el futuro como un recurso de oportunidad.

  Los **perdedores** contemplan el futuro con incertidumbre y riesgo y, en consecuencia, la cautela y las decisiones conservadoras serán su norma.

- Los **ganadores** ven el presente, el aquí y el ahora como el recurso para la construcción de su futuro. Para ellos el futuro se construye con total dedicación en el presente.

   Los **perdedores** añoran los éxitos del pasado y sueñan en un futuro que, si tienen suerte y Dios los protege, obtendrán.

- Los **ganadores** tienen una conducta de perseverancia hacia el objetivo. Son duros e incisivos con sus objetivos, nunca se dan por vencidos.

   Los **perdedores** se caracterizan por la postergación de sus ideas o acciones. Aun si sus ideas son correctas, la posposición es su norma.

- Los **ganadores** se fijan metas, fechas límite y compromisos firmes que cumplir. Éstos le permiten tener una dirección en su vida.

   Los **perdedores** viven de ilusiones, de proyectos ideales que se alejan de la realidad y que no pueden aterrizar en fechas límite, en hechos concretos.

- Los **ganadores** hacen que las cosas sucedan.

   Los **perdedores** se basan en esperanzas, en conductas emocionales, pensando que el destino dirá y proveerá la suerte necesaria.

Resumen de sus conductas

Ganador	Perdedor
Responsabilidad personal	Busca un culpable
Impulso a la acción	Temor al fracaso
Futuro como oportunidad	Futuro como un riesgo
Centrado en el aquí y ahora, en el presente	Centrado en el pasado y el futuro
Perseverante	Postergador
Orientado a metas	Orientado por ilusiones
Hace que las cosas sucedan	Deja que las cosas sucedan

Esta peculiar forma de dibujar las conductas permite visualizar aquellas que pueden construir hábitos que conduzcan a ejercer el liderazgo o bien, a dejarse arrastrar por la circunstancias, a ser una persona con iniciativa o a actuar de manera pasiva frente a los acontecimientos, a conducir la acción o a esperar que algo ocurra.

Los líderes deben ser un modelo para su equipo. No es posible pedirles a los demás lo que usted no es capaz de hacer por sí mismo.

SILVIA LEE

¿Cómo formar un hábito?

Un hábito es una conducta aprendida y puede ser bueno o malo. Puede llevarnos al éxito o al fracaso.

Lo sorprendente de los hábitos es que son reflejos condicionados y, por ende, automáticos e inconscientes. Puedo ser inconscientemente mediocre y perdedor o inconscientemente exitoso. Quizá sea un líder en potencia y no lo sepa.

Es menester comprender que nuestra mente no sabe que sabe, por lo que es necesario que trabajemos en ella para cambiar los hábitos aprendidos. Siempre me he preguntado: ¿dónde aprendemos aquellos que hemos adquirido? Según expertos en psiquiatría, los hábitos son incorporados en nuestras conductas por los "maestros sociales": la familia, la escuela y el entorno social en el que nos desarrollamos. Ellos han forjado nuestras conductas y construido la imagen que mantenemos de la vida, de nosotros mismos, de nuestras capacidades y talentos.

Para mí un aspecto esperanzador al respecto es que, gracias a que los hábitos han sido incorporados, podemos cambiarlos, para lo cual será necesario trabajar mucho con nosotros mismos y así moldear o reformar el hábito viejo que nos limita.

En capítulos anteriores comentamos que para triunfar con los demás primero necesitamos triunfar con nosotros mismos.

El destino no es una oportunidad que se presenta, es una elección personal. No es algo que uno debe esperar, sino algo que uno debe conquistar.

WILLIAM JENNINGS

Quiero compartir una reflexión que un participante de mis conferencias me entregó acerca de los hábitos:

Tú me conoces,
Soy tu constante compañero,
Soy tu mejor ayudante y tu más pesada carga.
Te empujaré hacia adelante o te llevaré al fracaso.
¡Estoy a tus órdenes!
La mitad de lo que haces me lo puedes encargar, ya que lo puedo hacer rápido y repetirlo constantemente si eso es lo que quieres.
Soy fácil de manejar... *pero sé firme conmigo.*
Enséñame con exactitud lo que debo hacer y después de algunas lecciones lo haré automáticamente.
Yo construyo a los grandes hombres y también a los fracasados.
Trabajo con la maravillosa precisión de una computadora, con inteligencia humana.
Me puedes usar para tu provecho o para arruinarte, para mí es igual.
Tómame, *sé complaciente conmigo y te destruiré.*
Sé exigente y firme conmigo y pondré el mundo a tus pies.
¿Quién soy yo?
Soy tus hábitos.

Los líderes desafían la incertidumbre

No es cuando tú te caes, sino la forma en que te levantas y continúas.

VINCE LOMBARDI

Para la mayoría de los individuos, los acontecimientos del medio ambiente representan el único obstáculo que se interpone entre sus anhelos y los resultados que aquél les permite alcanzar hoy. Si no fuera por lo que sucede, o por las malas rachas que surgen cuando desean hacer algo, aseguran que podrían crecer mucho más en la vida.

El medio, entonces, se convierte en el enemigo imposible de salvar para ellos, ya que es impredecible.

Cuando una persona desarrolla las conductas del líder, aprovecha las condiciones del entorno, pero no como una limitante sino para hacer uso del don más extraordinario que posee el ser humano: esa capacidad innata de elegir, esa libertad que está en nuestras manos y que nos distingue por encima de cualquier otro ser viviente sobre la Tierra. Somos capaces de tener múltiples alternativas ante situaciones inesperadas. Y la única posibilidad de aplicación de este don es mediante el uso profundo de la razón, de la lógica y del sentido práctico de las cosas.

Cultivar la responsabilidad para transformarnos en líderes

Este recurso nos permite concluir que somos responsables de nuestras acciones y de aquellas cosas que no responden a nuestras expectativas. Su liderazgo es producto de sus decisiones y no de las circunstancias.

Henry Ford sostenía: "Si crees que puedes, o si crees que no puedes, en cualquier caso estás en lo cierto". Y así es, la vida que llevamos nos la hemos creado nosotros, no es producto de las circunstancias. Lo opuesto significa que tu vida está en función de tu humor, de tus emociones, de cómo te traten, de cómo el entorno y las situaciones se comporten contigo.

Resumiendo, asumir la responsabilidad significa responder en forma racional a las situaciones que se presenten.

Todos tenemos la capacidad innata de elegir nuestras respuestas frente al entorno. Si usted no se siente capaz de elegir sus conductas, si no cree en ello, no podrá controlar su vida. No la iniciará con una visión clara de su futuro, estará limitado por lo que le rodea, por las circunstancias y postergará casi todo.

Si actúa así, comenzará a sentir los primeros síntomas de la inseguridad, que emana cuando el control está fuera de uno y no en su interior.

No tendrá tiempo para pensar porque estará demasiado preocupado, no tendrá tiempo para reflexionar porque estará demasiado ocupado lidiando con las situaciones que le absorben, pues subordinará a éstas su capacidad de elección.

La iniciativa es la capacidad de subordinar nuestros impulsos a la inteligencia, de subordinar nuestro instinto visceral a la sabiduría. El líder comprende estos aspectos, sabe que el éxito en su vida depende de sus decisiones, no de la casualidad.

Para encontrarse a sí mismo, piense por usted mismo.

SÓCRATES

Si aprendiéramos a temprana edad que podemos actuar con iniciativa y producir resultados a pesar del entorno, seríamos más consistentes en las situaciones difíciles y adversas y viviríamos con mayor seguridad personal. Aprenderíamos a rechazar muchas cosas del entorno, incluso podríamos no sentirnos culpables por ello.

A diario los líderes se enfrentan a problemas y así desarrollan la capacidad de poder resolver disgustos y frustraciones.

Viktor E. Frankl, autor del libro *El hombre en busca de sentido*, relata la terrible vida de los prisioneros en los campos de concentración. Él ahí descubrió que: "se puede elegir una respuesta aun en las más terribles condiciones físicas y psíquicas" a las que debían enfrentarse todos los días.

Frankl postuló: "El más alto valor humano es poder elegir tu comportamiento en situaciones en las que no tenemos ningún control".

Esta frase me recuerda la entrevista que la revista *Time* le hizo en 1996 a Christopher Reeves, el protagonista de las películas de Superman —ahora fallecido—, quien sufrió un accidente en su caballo que lo dejó totalmente inmovilizado, cuadrapléjico. A la pregunta de cómo podía tolerar la frustración de ser quien era y estar como estaba en ese momento, Reeves contestó: "Nunca me he sentido así, sé que un día caminaré con muletas y lanzaré esta silla por la ventana. El accidente no ha cambiado mis actitudes, aún tengo actitud positiva, puesto que comprendo que mi problema es médico, no emocional. Y como soy una persona competitiva, acepto la responsabilidad personal de mi progreso en esta inmovilidad".

Al leer estas palabras de un hombre que se transportaba en una silla soplando por un pequeño tubo que le permitía movilizarse, me di cuenta de cómo desperdiciamos esta capacidad natural de elegir nuestras conductas en los aspectos más simples. Hay personas que se sienten deprimidas porque deben el saldo de su tarjeta de crédito o se enojan porque un hijo no trae buenas calificaciones o se irritan con un automovilista porque los encerró en la calle.

Cuando vi el ejemplo de Christopher Reeves me sentí inspirado por su fortaleza y capacidad de controlar la situación y no dejar que ésta lo controlara. Sólo así uno puede ser líder de su destino, de las adversidades y vivir de acuerdo con sus valores y no con lo que las situaciones le permiten.

Las personas que son controladas por el entorno reflejan un alto grado de dependencia y de irritabilidad, ya que consideran que la culpa de que no puedan ser hoy quienes quieren ser es de muchos otros excepto ellas mismas. *Sin embargo, lo paradójico es que la dependencia reside en la forma de pensar, no en la realidad.*

Los líderes evitan ser prisioneros del entorno

Si creemos que los problemas se deben a los demás, esa forma de pensar es justo la que nos pone en problemas.

Si mi capacidad para dirigir mi vida está fuera de mí, entonces no tengo capacidad para ofrecer soluciones y sólo me queda culpar al destino o a la mala suerte de no poder guiarme.

Este pensamiento, por completo prehumano, se asemeja a la conducta de los animales que, ante la amenaza del medio, atacamos de modo agresivo o huimos. Pero ambas conductas son inducidas por el entorno, no por mí.

¿Cuántas veces hemos visto a alguien salir furioso de un restaurante por la mala atención de un mesero? Una vez más, un acontecimiento controla la conducta. Si el mesero lo hizo enojar, me pregunto, ¿que sucedería si éste viviera en su casa? Haría lo que quisiera con los comportamientos y con la vida de usted, lo subordinaría por completo.

En lo personal también recuerdo situaciones en las que he sido inconscientemente dominado por las circunstancias. Un día tenía un compromiso muy temprano por la mañana y me levanté apresurado, pero con sorpresa vi que sólo salía agua fría de la regadera. Me enojé con ferocidad, pero el agua continuó fría. Llamé al portero del edificio para reclamarle su irresponsabilidad, pero el agua continuaba fría. Luego tomé conciencia de que el agua fría por las mañanas tiene un gran poder controlador de mis estados de ánimo y lo paradójico es que ella nunca se enterara de este "dominio", absurdo ¿verdad?

Un día llevé a mi hijo Rodrigo, cuando tenía nueve años, a jugar boliche y luego nos quedamos a observar una competencia. En una de las pistas estaba un jugador que cada vez que fallaba golpeaba el piso, lanzaba exclamaciones de ira y golpeaba las mesas. Rodrigo me dijo: "Papi, la gente es rara; se enojan con cosas que no están vivas como los bolos". Pregúntese: en esta semana, ¿cuantos acontecimientos lo han dominado y han controlado su estado de ánimo?

Los líderes deben tener la valentía de ser ellos mismos, de enfrentarse a sus dudas y debilidades, con el fin de construir relaciones sólidas y confiables con su equipo.

Rob Hawthorne

Cuando uno no desarrolla la capacidad de liderazgo y de construir su vida a pesar de las condiciones del entorno, actúa como un ser inferior y limita su posibilidad de dirigir a los demás y a sí mismo. El mundo exterior actúa sobre nosotros y nos subordina, incapacitándonos para decidir por nosotros mismos.

Lo que nos impulsa a actuar como actuamos o nos hace sentir mal es nuestra forma de procesar lo que sucede. No es lo que el otro dice o hace lo que me ofende, sino que la forma en que yo reacciono a lo que el otro dice o hace es lo que me hace sentir así.

Al respecto Gandhi opinó: "Nadie puede quitarte el respeto a ti mismo, a menos que tú se lo entregues".

Los líderes maduros no entregan a los demás su poder de elegir. *Jamás otorgue fuerza a la inmadurez de otros.* Si lo hacemos, nos debilitamos, soltamos el control y alimentamos de poder a las circunstancias. Perdemos la brújula de nuestra vida y nos transformamos en seguidores, en ovejas que siguen un cencerro ajeno. Siempre que culpemos a otros por lo que sucede, encontraremos resistencia y si continuamos inflexibles la resistencia sólo aumentará. Si observamos a nuestro alrededor veremos que la mayoría de la gente culpa a otros de lo que le sucede.

Quienes desarrollan el liderazgo son más autocríticos. Primero contemplan qué sucede en su interior: "¿qué estoy haciendo o dejando de hacer para que suceda esto?". Los líderes maduros se preguntan: "¿no será que por ser tan demandante te veo a ti tan pasivo?, ¿no será por lo que hice o dejé de hacer que las cosas no salen bien?, ¿no será que soy muy emotivo y por eso me enoja tanto tu estilo demandante?, ¿no será que soy muy agresivo y por eso considero a mi jefe demasiado autoritario?". En suma, "¿no será por mí lo que sucede ahí?". Este modelo de pensamiento permite cambiar los paradigmas y buscar en nosotros primero la respuesta para resolver un problema.

Nuestra arrogancia es una actitud que nos hace creer que las cosas deben ser como queremos que sean y no como son en verdad. Como dice el extraordinario pensador Anthony de Mello: "Intenta cambiar tú primero y no cambiar a los demás. Es más fácil calzarte unas zapatillas que alfombrar toda la tierra". El ser humano aprende muy tarde en la vida que para modificar el entorno y la realidad primero debe cambiar uno". Muchos desean progresar con tal de que esto no suponga para ellos cambio alguno. El líder aprende a cambiar su forma de pensar, asumiendo su responsabilidad personal y no buscando culpables; sólo así puede ver cómo se transforman las circunstancias que lo rodean. Sabe que si él cambia, el mundo cambiará con él. Si no fuera así jamás podría encontrar nuevos caminos.

No es que nuestra vida esté de cabeza, sino que pensamos al revés.

HELMUT REICH

87

Quien desarrolla la conducta de líder reconoce que es el único responsable de resolver los problemas y cuenta con el don de la acción. Por ello su grado de iniciativa es mayor que el de las personas comunes. Él es activo, inquieto, buscador, nunca se rinde, tiene espíritu de pionero en todo lo que hace, siempre quiere ser el primero.

Los líderes son seres que viven con más libertad

A lo largo de la historia los líderes han demostrado mayor autonomía en sus decisiones, sus ideas y sus acciones, lo que en algunas ocasiones ha puesto en peligro su vida por no estar de acuerdo con el sistema y con lo conocido hasta el momento.

Tal fue el caso del famoso astrólogo Copérnico, a quien casi queman en la hoguera por aseverar que la Tierra giraba alrededor del Sol. Otro gran ejemplo es el de Mijail Gorbachov, quien, con gran valentía, decidió aplicar la Perestroika e ir en contra de más de ochenta años de un sistema unipartidista, centralista y controlador y derribar el Muro de Berlín. Se trata de un líder ejemplar que puso en práctica su libertad de decidir en el grado más alto que he observado en mi vida.

Es esta autonomía la que los distingue de los demás y confiere originalidad y una nueva visión a los problemas existentes.

Desde la perspectiva etimológica, *autonomía* significa capacidad de administrar y establecer nuevos paradigmas y decisiones. Para construir grandes proyectos es necesario desarraigarse de la dependencia de sus viejas ideas y ser autónomo, para así establecer sus propias premisas acerca de cómo resolver los problemas.

Todo líder debe gozar de autonomía en sus decisiones, pero no con actitud desafiante con respecto a su responsabilidad ante el grupo y la organización que representa; más bien, su autonomía se conjuga al servicio de éstos. La capacidad de crear nuevas estrategias con autonomía requiere la aplicación del don natural de libertad que todos los seres poseemos pero que pocos somos capaces de usar. En su mayoría, las personas saben que gozan de esa libertad de pensar pero no de la misma capacidad de poner en práctica lo que piensan o lo que anhelan, porque sienten que el entorno las condiciona. Es decir, que la libertad de pensar es inútil si no la podemos aplicar ya que nos lleva a vivir una vida sin plenitud.

En los líderes no existe esa ambivalencia o condicionamiento. Asumen un mayor grado de riesgo y valentía al expresar lo que piensan en forma autónoma. No se sienten atados por los temores o por la falta de seguridad personal. Sus conductas están gobernadas por la visión y la ambición de llevar ésta a cabo. Pasan por encima de la incertidumbre, los temores y las barreras del entorno. Parecería que saltaran los obstáculos como grandes atletas. Las personas que sienten que su libertad de actuar está restringida definen que no tienen libertad. En algunas sociedades el dicho "El hombre propone y Dios dispone" justifica nuestra incapacidad ante la limitación del entorno, aunque una vez más se coloque a Dios en el juego de su inseguridad.

Los líderes, en su afán por alcanzar sus objetivos, en más de una oportunidad hacen cosas que vulneran los convencionalismos sociales, aunque después deban pagar por ello o retractarse. Su capacidad de aplicación de la libertad es tal que fuerzan el límite máximo de la oportunidad que otros le permiten, incluso si no estaba establecido. Al observar a personas que realizan hazañas que nunca imaginamos nos preguntamos: "¿Cómo lo logró? ¿Cómo llegó a hacer eso?". Quien fue educado con temores e inseguridad coarta la libertad natural de actuar que su condición humana le otorga. Sólo los grandes líderes la utilizan en su máxima expresión, lo que les permite lograr más que otros, dado que amplían sus límites más que esos otros.

Por fortuna, los seres humanos, a pesar de los condicionamientos a que se nos sometió en la infancia, somos capaces de elegir sentirnos así y podemos cambiar en consecuencia. Por consiguiente, si usted quiere ser un líder exitoso debe comprender que su libertad se define por su capacidad de elegir, no por la limitación que otra persona o las circunstancias le condicionen sino por la posibilidad de los hechos. Su libertad consiste en ser capaz de elegir lo que es posible para usted y hacerse responsable de su decisión. Usted puede y debe construir el camino.

La autonomía y el uso de la libertad sólo son posibles para quien decide convertirse en persona y no ser producto de sus temores o de la adversidad del entorno. Los líderes viven con mayor plenitud ya que desafían los problemas, los obstáculos, las limitaciones y la manipulación que exista en el medio. Su visión de la vida los hace libres de actuar a pesar de la adversidad del entorno.

El líder se dirige a sí mismo primero

Se tiende a considerar al liderazgo con una connotación de dirección de masas. En realidad, los grandes líderes comprenden que esta ansiedad de dirigir a otros seres humanos nace de un pensamiento diferente. La capacidad de dirigir se domina cuando la persona es capaz de autodirigirse. Es decir, la clave es el liderazgo de uno mismo. El liderazgo personal siempre antecede a nuestra capacidad de dirigir a otros seres humanos. No es posible influir en la vida de otras personas antes de hacerlo en la nuestra. Sería imposible convencer a mis colaboradores de cambiar sus ideas si soy incapaz de cambiar las propias. No podría definir una visión con mi grupo si no puedo definir la de mi vida primero. El fundamento que rige este pensamiento es que el éxito de los demás comienza dentro de mí. El proceso interior de transformarse en líder produce mecanismos de pensamiento que permiten tener la fortaleza de carácter para influir a un grupo. Cuando uno no comprende este proceso vive tomando cursos de liderazgo e incorporando a su actuar técnicas de dirección, motivación, facultamiento y muchas otras. En pocas palabras, buscando actitudes que modelen su personalidad.

De hecho, las habilidades cuentan muy poco cuando el individuo no comprende el cambio interior necesario para producir el temple de un líder. Nosotros somos la única respuesta para las interrogantes que la vida nos plantea y la única solución para sus problemas. No olvidemos que la educación no es una condición para transformarnos en líderes, sino los componentes de carácter que nos distinguen y nos hacen emerger como tales. ¿Cuántos niños brillan por su conducta de liderazgo? ¿Cuántos campesinos —como ya mencioné— sin estudios han sido conductores de grupos? El secreto está en su carácter y su instinto visionario. Buscar en las técnicas y habilidades el desarrollo del liderazgo personal es como buscar un placer permanente en un algodón de azúcar que venden en las ferias. Las técnicas son maravillosas mientras las cosas no contradigan lo aprendido como herramienta; tienen la limitación de lo conocido, no pueden ir más allá. El liderazgo nace primero en uno y luego en el mundo exterior. Por tanto, es necesario incorporar conductas que nos conduzcan a él.

En comparación con lo que podemos llegar a ser, sólo estamos
a la mitad del camino.

William James

El poder interior es la clave para que el líder consolide su poder ante el grupo, ya que permite construir modelos de pensamiento con los cuales dirigir en todo tipo de situaciones. No es posible alcanzar el éxito con los demás si no somos capaces de construir nuestro éxito personal. Este proceso es clave cuando uno desea desarrollar la capacidad de liderazgo de los hijos o el éxito de la familia o un equipo de trabajo competitivo. Si usted fortalece su seguridad personal adquirirá mayor seguridad en sus relaciones interpersonales. Cuando ve la vida desde una perspectiva interior, el mundo externo se convierte en una oportunidad y no una amenaza, pues con el control interior se dominan los cambios avasallantes del entorno.

Comprender el liderazgo bajo este punto de vista nos otorga un mayor conocimiento de nosotros mismos y el proceso resulta imprescindible porque el liderazgo implica enfrentarse a sí mismo y procurar resolver problemas.

Si tomamos conciencia de nuestras aptitudes y limitaciones será más fácil controlar las tempestades. Si contemplamos la vida desde nuestro interior nos afinamos y autorreformamos de una manera que favorecerá nuestra relación con los demás y con el entorno.

Por lo anterior, aprender a conducir su vida dirigiéndose a usted mismo primero le garantiza una evolución constante y plena de oportunidades. De no ser así, le será muy difícil como líder encontrar afuera lo que no ve en su interior.

En los próximos capítulos analizaremos la forma de construir una vida desde una visión interna para conducir nuestro destino y desarrollar las conductas de liderazgo.

☞ **Conclusiones**

- Existe sólo una pequeña diferencia entre los más grandes líderes y aquellos que simplemente lo hacen bien. El secreto reside en los hábitos que los encaminan al éxito.

- Las personas con perfil de líderes viven mejor que las que no lo tienen.

- La incorporación de los hábitos correctos influirá en un mejor liderazgo personal y en su relación con los demás.

- Los líderes comprenden que su vida es producto de lo que hacen, no de lo que saben.

- La capacidad de dirigir se domina cuando aprendemos a dirigirnos a nosotros primero.

- El líder es capaz de asumir su responsabilidad porque comprende que uno es responsable de elegir las respuestas frente a los problemas del entorno.

- El liderazgo se consolida cuando comprendemos que el valor más alto es poder elegir nuestros comportamientos, aun en las situaciones sobre las que no tenemos control.

- El destino de un líder es transitar noventa por ciento de su tiempo en terrenos no descubiertos y con altos niveles de incertidumbre.

- La incertidumbre, los conflictos y los problemas complejos son la materia prima con la que el líder demuestra su don de mando.

- El liderazgo se observa en el nivel de iniciativa que tiene la persona para controlar el entorno. Nadie puede hacernos sentirnos mal sin nuestro consentimiento.

- El proceso interior que usted necesita para transformarse en líder construye mecanismos de pensamientos que consolidan la fortaleza de carácter necesaria para dirigir a otros.

⏱ *Reflexiones*

Analice lo siguiente:

1. ¿Tiene usted los hábitos que construyen el liderazgo personal?

2. ¿Dispone de un mecanismo de sustitución automática de hábitos negativos por hábitos positivos de liderazgo?

3. ¿Se irrita a menudo por comportamientos de otras personas?

4. ¿Considera que tiene control sobre su vida y que maneja con firmeza los problemas del entorno?

5. ¿Puede asegurar que es usted líder de su vida y que dirige su destino?

6. Cuando surgen problemas, ¿busca usted a los culpables que los originaron?

7. ¿Siente seguridad al manejar la incertidumbre y lo desconocido cuando debe tomar decisiones de alto riesgo?

8. ¿Ha realizado un balance de sus hábitos de ganador y de perdedor después de leer este capítulo?

9. ¡Analice si su estilo de liderazgo está construyendo hábitos de ganadores o de perdedores en sus colaboradores!

10. ¿Ha analizado su vida desde una perspectiva interior, en lo que respecta a sus hábitos y a los comportamientos que le permiten dimensionar sus capacidades de liderazgo?

✔ *Autoevaluación capítulo 4*
El hábito de triunfar

Evalúe su actuación como líder, tal cual es en la actualidad, y no como debería ser, calificando de la siguiente manera:

1 = Casi nunca   2 = A veces   3 = Con frecuencia   4 = Casi siempre

1. ¿Trabaja usted con frecuencia en el cambio de los hábitos que sabe que debe modificar? .... **1 - 2 - 3 - 4**

2. ¿Tiene buenos hábitos alimenticios y de salud física que aplica con regularidad? .... **1 - 2 - 3 - 4**

---

3. ¿Es usted un líder de hechos más que
   de promesas? .... **1 - 2 - 3 - 4**

4. ¿Considera que es usted un líder que no
   se deja controlar por las circunstancias
   y mantiene la calma frente a ellas?........................ **1 - 2 - 3 - 4**

5. ¿Se considera usted un líder de sí mismo? .... **1 - 2 - 3 - 4**

6. En situaciones de conflicto interpersonal
   y discusiones, ¿mantiene la calma? .... **1 - 2 - 3 - 4**

7. ¿Sabe manejar la incertidumbre
   y lo desconocido con temple y aplomo? .... **1 - 2 - 3 - 4**

8. ¿Es usted un líder que no permite que
   la inmadurez de otros altere su estado
   de ánimo? .... **1 - 2 - 3 - 4**

9. ¿Es usted un líder que no responde
   en forma emocional cuando sus colaboradores
   cometen errores? .... **1 - 2 - 3 - 4**

10. ¿Ha incorporado en su vida el hábito
    de triunfar? .... **1 - 2 - 3 - 4**

Sume los números que marcó y analice sus resultados:
SUMA TOTAL:

25 a 30 puntos = sus hábitos son excelentes.
19 a 24 puntos = necesita trabajar en el desarrollo de sus hábitos.
10 a 18 puntos = debe hacer un cambio significativo en sus hábitos
                 como líder.

Plan de acción para el próximo lunes

1. Identifique y trabaje en la construcción de hábitos de éxito en su vida.

2. Analice las conductas perdedoras que han afectado su liderazgo.

3. Analice sus conductas ganadoras y mejore su desempeño.

4. Identifique y construya actitudes de iniciativa frente a la incertidumbre.

5. No permita que las amenazas del entorno lo inmovilicen.

6. Tome control de su vida y diríjala hacia un objetivo.

7. Maneje primero su vida personal y luego la vida de los demás.

Pregúntese acerca de lo aprendido en este capítulo

❐ ¿Qué puedo aplicar en mi vida **profesional**?

❐ ¿Qué puedo aplicar en mi vida **personal**?

❐ ¿Qué **cambios** debo realizar en el corto plazo?

5. CAPACIDAD VISIONARIA DEL LÍDER

Nunca se va tan lejos como cuando se sabe hacia dónde se camina.

ROBESPIERRE

Qué puede esperar de este capítulo

En este capítulo usted:

1. Descubrirá la importancia de tener una visión en la vida para construir las conductas de liderazgo.

2. Sabrá que los ejecutivos que no son líderes aún confunden velocidad con dirección. El secreto del liderazgo consiste en saber direccionar sus conductas.

3. Entenderá que cuando las personas desarrollan una visión de su vida, de inmediato surge en ellas la percepción selectiva.

4. Descubrirá que lo que usted sabe hacer de forma única en este mundo es el medio natural en el que se desarrollan sus atributos únicos de liderazgo.

5. Conocerá que el recurso de un líder para realizarse es su vida. Ella es el camino por el cual transitará para cumplir con su visión.

6. *Sabrá que si usted es un ejecutivo abstraído por el mundo exterior, terminará por sentirse insatisfecho; sin importar cuánto haya acumulado, siempre habrá alguien que lo supere.*

7. *Conocerá por qué los líderes experimentan cómo la vida exterior y la interior se conjugan en una sola para lograr su visión.*

8. *Identificará cómo el mundo en que vivimos deja en segundo plano lo que para un líder es esencial: su capacidad de reflexionar acerca de su destino.*

9. *Identificará por qué los grandes líderes siempre tienen un número dos que los complemente en su toma de decisiones.*

Los líderes indican la dirección

Hace algún tiempo vi un documental en el que explicaban cómo ciertos animales por alguna razón pierden el sentido de dirección. En Irlanda una vez al año se observa un acontecimiento en verdad extraño: unos pequeños roedores de campo comienzan a correr afanosamente siguiendo a su líder durante kilómetros y kilómetros, hasta que por fin toda la manada cae por un abismo hasta el mar. Los científicos no han podido descubrir el origen de este comportamiento, que induce al líder a llevar al suicidio a su manada sin motivo aparente.

Asimismo, en los últimos años en Baja California se han encontrado grupos de delfines que llegan a las playas guiados por su líder, quien pierde la dirección y lleva al grupo a la muerte. Esto resulta inexplicable ya que los delfines se caracterizan por su capacidad de orientación, algo parecido a un radar que tienen en la nariz.

En el Lejano Oeste, los cazadores de búfalos conocían a la perfección la conducta de la manada. Sabían que la figura del búfalo líder lo era todo para sus miembros y que matándolo la manada ya no correría por la pradera, se quedaría inmóvil sin saber a dónde ir y esto facilitaría la cacería. Una vez más, comprobamos la fuerza del líder en un grupo.

Sin duda alguna el sentido de dirección es esencial para todo ser viviente. Para un animal la pérdida de la dirección significa la muerte segura; para el ser humano, el fracaso seguro. Si bien nuestra inteligencia nos permite identificar el error que cometemos, eso no necesariamente significa encontrar la dirección correcta. A pesar de nuestros sofisticados atributos, el ser humano requiere un proceso interior para redireccionar su vida y encontrarle sentido. El músico Paul McCartney dijo en una canción que para mucha gente la vida es algo que pasa mientras uno está ocupado haciendo otras cosas. Es verdad, muchos se mueren sin haber vivido, sin haber entendido la vida.

Me cautiva más el sueño del futuro que la historia de mi pasado.

THOMAS JEFFERSON

Recordemos la historia de *Alicia en el país de las maravillas*, cuando el conejo le dice a Alicia: "Si no sabes a dónde quieres ir, no importa qué camino tomes". La falta de dirección nos impide elegir, sólo tomamos lo que nos toca día con día. No tener esa visión limita la capacidad de dirigir nuestra vida a un destino predeterminado. Si sus metas son claras, se alinean con su finalidad vital y usted se compromete a alcanzarla. Entonces, el entorno se convierte en su principal aliado. No olvide que cuando el compromiso con una visión es profundo, el resultado se vuelve una conspiración hacia el éxito.

Todo acto de creación es en su origen un acto de destrucción.

PABLO PICASSO

Percepción selectiva

En psicología se asegura que cuando alguien sabe lo que quiere es más probable que logre más resultados que otros. La mente de las personas con una visión clara de su vida, de lo que anhelan de su futuro, desarrolla una percepción selectiva, es decir, elige situaciones particulares del entorno en beneficio personal. Un ejemplo clásico de ello es que, tan pronto uno decide comprar un automóvil nuevo, de inmediato comienza a ver automóviles que le atraen por doquier. Lo mismo sucede cuando uno desea comprar ropa nueva; enseguida empieza a ver en las revistas, en las tiendas, en los periódicos y en otras personas la que le interesa. Los automóviles siempre estuvieron ahí, al igual que la ropa, sólo que ahora vemos las oportunidades gracias a que nuestra mente se orientó hacia un objetivo específico.

Hace muchos años experimenté este don de nuestra mente. Necesitaba mudarme y quería buscar un nuevo departamento. La sorpresa que me llevé fue que comencé a ver carteles de "Se renta" por todos lados y por las mismas calles que a diario transitaba. Esos carteles estaban ahí pero nunca los había visto porque mi mente no los buscaba. Así funcionan las oportunidades, sólo surgen cuando uno sabe lo que quiere de la vida y ha aclarado sus metas. Al poner a trabajar la mente la percepción selectiva comienza a ver lo que nunca había visto. Bajo esas circunstancias, la visión del líder sale a la luz y el mecanismo de percepción selectiva, disparado en forma automática, trabaja en nuestro beneficio. Si la gente no comprende este concepto y es testigo del éxito de alguien, aduce que tuvo suerte. Pero, en realidad, se trata de una oportunidad buscada. Lamentablemente, la mayoría de las personas pasa por la vida sin captar las oportunidades, por la vaguedad e indefinición de su mente y su falta de visión.

El fracaso al confundir velocidad con dirección

Vivimos en un mundo semejante a un cohete sin dirección, que tiene más velocidad que control. Nos han hecho creer que empujar es resolver, que el activismo es productividad sin considerar el destino final. Actuar sin una visión nos puede hacer correr a toda velocidad pero en dirección opuesta. Es triste, pero muchos de nosotros no tomamos conciencia de la necesidad de dirección hasta avanzada edad, en nuestra vejez o después de perder las oportunidades. Trabajar más no significa más que eso: trabajar más. Si el trabajo duro y la dedicación fueran ingredientes suficientes para el éxito, los topos y las hormigas —que se caracterizan por eso— controlarían el mundo.

El peor error del ser humano es confundir velocidad con dirección. El secreto de dirigir su vida consiste en dar dirección a sus acciones. Se trata de usar la brújula y no el velocímetro.

Si bien la incansable actividad aparenta avance, conocer la dirección de nuestra vida es más bien un proceso interior con un precio que muchos no están dispuestos a pagar o que no comprenden.

En la filosofía hindú a esto le llaman la ley del *dharma* o propósito de la vida. En el libro *Las siete leyes espirituales del éxito* el escritor Deepak Chopra desarrolla este tema planteando que todos tenemos un propósito en la vida, un don único o talento especial con el que nacemos.

La ley espiritual del éxito, dice Chopra, es la ley del *dharma*, que en sánscrito significa *propósito en la vida*. Yo también estoy convencido de que todos nacemos con un talento único y una manera única de expresarlo. Nuestra razón de existir es encontrar ese talento y aplicarlo al bien común, ya sea en la familia, el trabajo o la vida social. Todos poseemos un don irrepetible que podemos realizar como nadie.

Creo que Dios nos puso en esta vida justo para descubrirlo. El don de la creatividad es un talento natural que nos confiere la capacidad de anticiparnos al futuro.

Nos permite aplicar el principio universal de que todas las cosas en la vida se crean dos veces, una mental y otra física. Por tal razón, si pretendemos construir el éxito necesitamos primero un mapa mental de cómo queremos que éste sea, tal como se construye una casa, primero en los planos y luego en forma física. Puede tomar tiempo pero el premio vale el sacrificio. En su autobiografía, Pablo Picasso, el famoso pintor español, concluyó: "Me llevó toda la vida pintar como niño". Encontrarse a sí mismo es un trabajo que uno debe realizar toda la vida.

> **Siempre quise ser alguien en la vida, pero debí haber sido más específico.**
>
> BEN FRANKLIN

Descubrir lo que usted sabe hacer de forma única en este planeta es en sí mismo una profunda motivación interna hacia el camino de la búsqueda. Por desgracia, nuestra educación no nos enseña a desarrollar esta capacidad de búsqueda interior, sino que nos forja en la terquedad de una verdad parcial aprendida. Como dice Sogyal Rimpoche: "Cuando el sabio apunta a la luna los tercos se quedan mirando el dedo". La falta de visión se paga muy caro y nuestra familia también lo paga deambulando por la vida tras un líder sin rumbo.

Los líderes marcan el rumbo

Los líderes actúan guiados por sus pensamientos dominantes, desatados al tener una visión clara de lo que anhelan. Comprenden que el recurso con el que cuentan para el éxito es la vida misma, que ella es el medio para cumplir con el propósito que se han fijado. Su motor es la ambición que surge al tener un *por qué* en la vida y ser entonces capaces de soportar cualquier *cómo*, a decir de Nietzsche. Es ese *por qué* el que motiva a los líderes a la acción.

Tener un propósito en la vida cultiva la perseverancia, nos endurece, nos permite soportar lo más difícil: los embates del entorno, los reveses de la vida, lo triste, lo terrible. Comprendemos que el secreto de vivir radica en el proyecto, no en el corto plazo. Debemos luchar contra la tendencia de una sociedad educada en el presente. Todo lo necesitamos lo más pronto posible: los edificios, el proyecto, los resultados. Y ello también se aplica a nosotros mismos. Muy pocas veces los seres humanos plantamos un árbol para nuestros nietos; no nos atrevemos a mirar tan lejos. Lo que hagamos debe hacerse con rapidez y corrección desde el punto de vista técnico, que no dure mucho ya que la tecnología vuelve obsoleto cualquier diseño. De continuar este trayecto, el vacío, la competencia y la agresión continuarán en ascenso ya que la esencia del ser humano es futuro y destino, no sólo presente.

> *Para crear se requiere visión y compromiso, pero también*
> *mucha fe para probarlo.*
>
> OWEN YOUNG

No tener un propósito definido nos sume en la vulnerabilidad y nos hace presas del mundo exterior. Buscamos el camino en aquello que nos vuelve dependientes; sin armas para controlar nuestra vida, perdemos el liderazgo de la misma. La pregunta que los líderes se formulan no es "¿qué haré con mi vida?", sino "¿qué espera la vida de mí?".

No es posible que seres tan inteligentes tengamos sólo el objetivo de acumular. Debe existir una razón superior que nos dé equilibrio y felicidad.

Cuando una persona es líder sabe que su vida no tendría ningún sentido si no actúa conforme con un ideal. La raíz del liderazgo está condicionada al nivel de acción de sus pensamientos dominantes, que requiere una enorme valentía que emana de la profunda motivación y compromiso de una visión.

El ser humano está en busca permanente de un sentido de lo que sucede a su alrededor. Pero si lo pensamos bien, el sentido se encuentra en la búsqueda en sí misma. Una vez que uno se descubre a sí mismo, desarrolla la consecuente seguridad y reconoce que no necesariamente tiene que avasallar, dominar o humillar a los demás para dirigirlos.

Nosotros podemos hacer un milagro de nuestra vida si actuamos conforme con lo que creemos en lo más profundo de nuestro ser. *En realidad lo que nos limita en la vida no es lo que somos, sino lo que creemos que somos.* Nuestro cuerpo reacciona en función de nuestros pensamientos y nuestro cerebro; por consiguiente, seguirá siendo el amo de nuestros actos.

A William James, uno de los grandes filósofos y psicólogos estadounidenses, le preguntaron en una ocasión cuál era, a su parecer, el descubrimiento más importante en el campo del desarrollo humano en los últimos cien años, a lo que respondió: "Hasta ahora se creía que para actuar era necesario sentir. Hoy se sabe que si comenzamos a actuar, el sentimiento aparecerá". James resume este descubrimiento con el siguiente adagio: "Los pájaros no cantan porque sean felices, sino que son felices porque cantan". Incluso si usted se siente triste y empieza a actuar como si estuviera feliz, acabará por sentirse feliz. Aunque se ha demostrado que el comportamiento cambia el sentimiento, la mayoría de las personas piensan lo contrario: "Cuando las cosas cambien actuaré".

Nadie puede hacerte sentir inferior sin tu consentimiento.

Eleanor Roosevelt

Comprender que la vida recompensa la cantidad de acción que impregnemos con miras a realizar nuestras ilusiones es clave para desarrollar el liderazgo. Lo triste es que mucha gente vive con una dieta mental, por temor a la posibilidad de fracasar en el intento. Éste no es el camino; empiece a actuar y las cosas comenzarán a cambiar dentro y fuera de usted. *La intención sin acción es una ilusión.* Atrévase a hacer lo que desea y se le concederá el poder de concretarlo. Un líder, con sólo percatarse de que existe una oportunidad de logro, se pone en acción y en ello encuentra su fuerza de voluntad. Eso le permite contemplar las oportunidades desde la perspectiva de la acción. Guíese por el pensamiento de Víctor Hugo: "El futuro tiene muchos nombres: para los débiles, es lo inalcanzable. Para los temerosos, es lo desconocido. Para los valientes es la oportunidad".

En el caso del líder, cualquier demora entre el pensamiento y la acción es una pérdida. El sentido de urgencia estimula su adrenalina y lo impulsa a dar cien por ciento de su ser. Siempre está activo, vive en movimiento, se fija plazos, traza metas y forja su destino, como si fuera el último día de su vida. Ese hábito de congruencia entre el pensamiento y la acción es lo que lo hace diferente de los demás y fortalece su seguridad en sí mismo, ya que interioriza el hábito de ganar. El reconocido escritor Ogg Mandino ilustró muy bien lo anterior con estas palabras: "Vive cada día como si fuera el último de tu vida y la felicidad se te dará ya que aprovecharás cada día al máximo". Por otra parte, la visión le proporciona una razón de vivir y de ser y gobierna su comportamiento cotidiano. Es capaz de sacrificar su vida por ella. Su pasión por actuar se debe a la claridad de sus prioridades. Así y no de otra forma procede el líder: llevado por dicha claridad se dispone a pagar el precio por saborear las mieles del éxito. En consecuencia, asume riesgos que otros jamás tomarían. Lamentablemente, la cultura de la que provenimos no fortalece esa actitud, nuestra cultura del corto plazo es contraria a una vida fincada en los objetivos y en la misión.

Si usted conoce su dirección aprovechará con total plenitud sus talentos y cualidades personales. Si alguien no ha determinado su camino, vive con lo menos, vive en pequeño. Por decirlo de alguna forma, la vida lo vive.

Vacío existencial

Hoy nos desenvolvemos en un vacío de valores, en una niebla que cubre el mundo y nos colma de dudas. No contamos con un objetivo claro en un mundo organizado. Nos hemos convertido en simples vagabundos que, sin saberlo bien a bien, buscamos algún significado a lo que hacemos, consumiendo lo más que podamos para compensar el vacío, que nos ha hecho ser fieles sólo a nosotros mismos o a lo que poseemos o tocamos. La espiritualidad no la entendemos, la usamos a nuestra conveniencia o necesidad. Podríamos afirmar que la solidaridad con el prójimo está muerta. Parece que en nuestra sociedad está prohibido cooperar y lo aceptamos sin remordimiento. Todo parecería que apunta hacia el fin del progreso, porque si no sabemos a dónde ir todo da igual, todo se justifica, aunque no contribuya a la sociedad. El Papa Paulo VI lo vaticinó hace más de treinta años: "La sociedad tecnológica ha logrado multiplicar oportunidades para el placer, pero no para mejorar la convivencia".

La cultura de la superficialidad debilita el carácter de la persona para transformarse en líder

Mientras vivamos centrados en esa carrera irrefrenable e infinita por adquirir antes de ser continuaremos insatisfechos y frustrados por desconocer el porqué de nuestros actos; de inmediato comparamos nuestros logros con los bienes de otros y no con nuestros objetivos personales. Si estoy abstraído por el mundo exterior nada terminará por satisfacerme y siempre me sentiré frustrado, sin importar lo que tenga.

Cuando en mis conferencias pregunto a los participantes: "¿Qué tienen los líderes en la mente?, ¿qué los mueve?", invariablemente responden: "Una visión", "Una meta", "Saben lo que quieren". Así es; su vida no tendría sentido sin ello ni actuarían con ese nivel de energía, capaces de entregar su vida a cambio.

Nada es bueno o malo, pero el pensamiento sí lo transforma.

WILLIAM SHAKESPEARE

El ser humano es el único capaz de transformar una idea en acción, en éxito. Tenemos el don de crear, visualizar y luego construir la realidad. No somos seres predeterminados, ya que poseemos la libertad de elegir, don que nos permite encontrar múltiples opciones. Cuando un sujeto define su propósito, su vida exterior e interior se conjugan en una sola, no son independientes, ya que, como el elemento rector es la convicción con respecto a ese objetivo, necesita del medio para actuar y hacerlo realidad. El hecho de que no conozca hoy su propósito no significa que éste no exista. Pero no tener un propósito claro en la vida es como jugar fútbol toda la vida sin portería: no sabemos a qué le tiramos. El mundo en que vivimos deja en segundo plano lo que para un líder es esencial. Un mundo dedicado a la distracción nos hace sentirnos aburridos y hurgar en nosotros mismos, y esto es lo último que muchas personas se atreverían a hacer. Por el contrario, saber que ése es el secreto nos otorga poder. Cuanto más profundicemos, más desprenderemos las capas de la confusión, la luz surgirá del análisis y romperá paso a paso con la ignorancia y la incertidumbre de lo desconocido.

La visión de nuestra vida se descubre dentro de nosotros mismos. Es un proceso que permea en los confines de nuestra existencia hasta encontrar el origen. Y esto requiere tiempo, disciplina y valentía. Usando las palabras del filósofo T. S. Elliot: "En la vida nunca dejaremos de explorar porque el fin de nuestra exploración será llegar al punto para encontrarnos por primera vez. Y veremos la vida en una nueva dimensión".

> Hace muchos años experimenté esta sensación expresada por T. S. Elliot, al visitar el colegio donde cursé la primaria. Observé que los salones y el patio son muy diferentes, parecían de otras dimensiones cuando jugaba ahí cuando niño. Por primera vez observé su verdadero tamaño. Así será el cambio cuando usted descubra el porqué de su vida en esta temporalidad terrenal y conduzca sus acciones hacia ese propósito que lo hará ser único y sentirse realizado.

Los grandes líderes tienen un número dos

En la biografía de la mayoría de los grandes líderes del mundo he descubierto que siempre hubo alguien que caminó junto con ellos, alguien en quien confiaron incondicionalmente. Todo líder necesita de una persona cuya mente observe y evalúe en forma diferente los problemas. En la historia esta posición compensatoria fue cubierta por su pareja o un colaborador muy cercano, asesor o mentor. Esta particularidad es un recurso instintivo, que surge de la necesidad natural de evaluar mejor las cosas. Tal compensación permite tener más amplitud y profundidad, así como varios ángulos de una misma situación.

Contemplar los problemas bajo paradigmas diferentes contribuye a encontrar mejores soluciones.

Este principio de operar con un número dos está fundamentado en que nuestra mente tiene dos hemisferios que procesan información diferente: el izquierdo la analítica y racional y el derecho la creativa, emocional e instintiva. El número dos es una persona cuyo hemisferio cerebral dominante suele ser diferente de aquel del líder, de tal forma que su contribución complementaria es ideal para visualizar los problemas y tomar decisiones.

Se dice que Dick Morris fue el número dos de Bill Clinton desde que ambos tenían treinta años de edad y diseñó la campaña que lanzó a Clinton hacia la gobernatura del estado de Arkansas. Morris, hombre de mucho carácter, ha sido el poder detrás del poder y sin duda el cerebro que también logró la reelección de Clinton en 1996. En sus mejores días como su asesor, la revista *Time* calificó a Dick Morris como el ciudadano más influyente de América, en esos años.

De igual manera, el presidente mexicano Carlos Salinas de Gortari tenía a José Córdoba Montoya, quien se dice fue el artífice de muchas decisiones importantes de su presidencia.

En la antigüedad, Alejandro Magno, el conquistador del Mediterráneo y del Medio Oriente, hasta la India, tuvo a Aristóteles como su mentor y asesor durante toda su vida de conquistas.

Podríamos mencionar a varios líderes empresariales que han seguido el principio descrito, ya que esta ley de complementariedad rige todos los órdenes de la vida.

> **En toda sociedad unos han nacido para dar órdenes y otros para aconsejar.**
>
> RALPH WALDO EMERSON

Todo el universo se ha formado con sinergia. Siempre que dos o más cerebros se reúnen con espíritu cooperativo, se produce el fenómeno natural compensatorio y se manifiesta la sinergia. Y es que la polaridad de ideas da origen a la diversidad. La sinergia es como sumar multiplicando, ya que es producto de lo que sucede cuando la energía se dirige a un mismo blanco. En la sinergia, el todo es mayor que la suma de las partes y la aritmética tradicional se transforma y uno más uno puede entonces ser cuatro o cuatro millones de ideas $(1 + 1 = 4)$. La naturaleza es tan sabia que nos enseña que este mensaje es un principio universal verdadero e indiscutible que se observa en todo; por ejemplo, nuestro cuerpo tiene dos ojos y gracias a ellos podemos percibir con mayor profundidad que si sólo tuviéramos uno.

Necesitamos ambos para obtener profundidad y distancia. Tener dos oídos nos permite ubicar el lugar donde un objeto cae; por el sonido podemos identificar en qué dirección lo hizo. No sería posible ubicar con exactitud el lugar del que proviene el sonido con un solo oído. También la fuerza que se logra con ambas manos cuando levantamos un objeto permite que levantemos mucho más del triple que si lo hiciéramos con una sola mano. Un pájaro necesita las dos alas para volar; si le cortamos el extremo de una de ellas, volará en círculos y lo mismo sucedería si una de ellas fuera más fuerte que la otra.

El mejor orador es el triunfo.

NAPOLEÓN

¿Es usted un líder visual o un líder auditivo?

En el liderazgo se requiere que los dos hemisferios cerebrales estén complementados. El derecho, dentro de sus múltiples especialidades, tiene una muy importante para el liderazgo: su capacidad de observar las cosas en forma detallada.

Asimismo, el izquierdo, entre sus múltiples habilidades, le aporta la capacidad de escuchar. Ésta es la razón por la que muchos ejecutivos quieren todo por escrito para tomar decisiones y otros desean que les digan las cosas para comprenderlas.

Si usted entrega un documento con información exhaustiva a un jefe auditivo, con seguridad leerá dos páginas y luego le llamará diciéndole: "Por favor explícame un poco más el informe que me entregaste". Pero si usted está frente a un líder visual, éste leerá todo el documento, le llamará para comentarle sus opiniones y quizá le diga algo como: "No estoy de acuerdo con el párrafo tres de la página quince del capítulo ocho, creo que debemos cambiar esa cláusula".

Los visuales leen con minuciosidad todo lo que les entreguen, son devoradores de información.

Los auditivos acostumbran celebrar reuniones para que les digan cómo van las cosas, en tanto que sus contrapartes preferirán ser informados por correo electrónico.

Hace años, cuando colaboraba como consultor de un banquero, en una de mis primeras reuniones acordamos que debía realizar algunos trabajos para que yo los revisara después. Pasaron los días y decidí llamar varias veces a su asistente para recordarle que me entregara su informe, hasta que un día le pregunté: "¿Qué debo hacer para que se acuerde de mi información?". Ella contestó en forma automática, sin pensar demasiado: "Envíele un correo electrónico directamente y se lo contestará". Así lo hice y obtuve mi información de inmediato.

Su asistente sabía a la perfección que su director lee todo lo que se le pone enfrente y despacha con más eficiencia que si le dejan un mensaje verbal.

Tener un número dos que lo complemente, por ejemplo, si usted es visual que él sea auditivo o viceversa, fortalece la capacidad para comprender y tomar decisiones mucho más acertadas y complejas con mayor eficiencia. Debemos ser capaces de trabajar con las dos visiones del cerebro para alcanzar el éxito en la vida.

Los líderes deben comunicar la visión de tal forma que estimule a los miembros de su organización.

DAVID BERLEW

El líder con mentalidad administrativa verá con buenos ojos a los creativos y visionarios que proponen cientos de ideas cada día; de no ser así, considerará a los demás como superficiales y faltos de orden y perderá los beneficios del principio de la complementariedad. De igual modo, el líder creativo inteligente no sólo buscará colaboradores que piensen igual que él, sino que puedan aterrizar ideas y poner orden a los conceptos. Por su parte, el líder financiero inteligente tendrá que aceptar las ideas de los humanistas y creativos para tomar decisiones más certeras y sólidas.

Durante años he observado líderes con características de buenos implementadores que trabajan con una persona que analiza situaciones, que profundiza y es capaz de resolver problemas complejos, pero el implementador es el líder.

A lo largo de la historia hemos visto a más de un líder implantar ideas estratégicas de alguno de sus asesores más cercanos y a otros hacer justo lo contrario: mostrarse conservadores y cuidadosos en sus decisiones y hacer que su número dos dé la cara en las acciones y ponga en práctica las ideas discutidas a solas con ellos.

De esta forma pueden aplicar soluciones más contundentes a los problemas que se presentan.

La complementariedad será siempre una decisión sabia para cualquier líder que quiera construir resultados inteligentes con su equipo y para su empresa.

El pecado más frecuente que he observado en la mayoría de los líderes es que construyan un equipo con un perfil similar al de ellos. Me he percatado de que con el tiempo el ser humano elige a sus amigos porque piensan igual que él y a su pareja porque piensa diferente. Ésta es la razón por la que muchos líderes caen en la tentación de seleccionar colaboradores con características similares a las suyas.

Si un jefe de Estado que se distinga por ser innovador y tener facilidad para crear muchas alternativas de solución a un problema se rodea de ministros con perfiles similares, como líderes construirán ideas muy buenas pero nunca aterrizarán las propuestas estratégicas para el país, ya que vivirán cuidando su imagen más que sus resultados.

No bien alguna idea no es aceptada por su pueblo se retractan y toman otra decisión ya que el líder y su equipo, pese a ser extraordinarios para desarrollar ideas inteligentes, imaginativas y atractivas, no cuentan con los componentes complementarios para hacerlas realidad. Como consecuencia, sus resultados sin duda serán grises, la posposición se convertirá en su destino o sus resultados no serán contundentes.

Le aconsejo que analice su caso especial y considere optar por el principio de compensación del número dos como una estrategia para su éxito como líder.

Los líderes ven con los ojos de la mente

El doctor Viktor E. Frankl, a quien ya mencioné y que estuviera prisionero en un campo de concentración nazi durante la Segunda Guerra Mundial, escribió el libro titulado *El hombre en busca de sentido*, el cual se ha vuelto un clásico en el campo del comportamiento humano y que ha sido para mí una inspiración toda mi vida. Jamás me cansaré de releerlo y espero sea uno de mis legados de pensamiento para mis hijos.

Frankl postuló: "Lo que nos capacita para sobrevivir es tener una visión de futuro". Él comprendió que cuando los prisioneros se dejaban vencer al no ver ninguna meta futura, su mente se preocupaba por pensamientos del pasado. Era una forma de apaciguar y hacer menos reales sus problemas.

Decía que en forma instintiva algunos intentaban encontrar un refugio viendo más allá de la realidad en que vivían. El ser humano tiene la peculiaridad de que no puede vivir si no mira al futuro. Eso constituye su salvación en sus momentos críticos.

Quien pierde la fe en su futuro está condenado a vivir una vida sin ilusiones. Con esta pérdida desaparece su sostén espiritual, se abandona y cae presa de la depresión física y mental. Si usted pretende dirigir su destino es preciso que siembre en su mente una meta, a fin de endurecer su carácter. El que no lo comprenda estará destinado a ser presa de las circunstancias y nunca podrá ser un líder.

El ser humano siempre vive hacia adelante, con la confianza y el deseo de que el objetivo establecido puede cumplirse. La ilusión es un mecanismo que empuja, inspira y pone en marcha al cuerpo. Es como sentirse abstraído por aquello que queremos conseguir.

Tener una ilusión permite sacar lo mejor de uno, crecer ante las dificultades y llegar a la cima que uno se planteó.

El dolor cura el alma y endurece el carácter

No siempre se cumple lo que uno se propone pero para que la personalidad madure es necesario sufrir. El sufrimiento enseña lecciones que no se olvidan. Si uno logra salir airoso de ellas, puede experimentar un cambio y dar un giro para buscar mejores rutas para su destino. Si los años arrugan la piel, carecer de una visión en la vida nos arruga el alma; la lozanía de las personas no depende de la edad sino de los planes por cumplir. La ilusión de una meta es uno de los sentimientos más estimulantes para avanzar y obtener lo que más se anhela. Una persona con una visión en la vida no

111

sólo dirige el camino, sino también abre brecha ya que aquélla precede a la conquista del propósito.

Hace algunos años leí un extraordinario y pequeño libro del autor José Benigno Freire, en el que opinaba que el ser humano reacciona ante el riesgo y el dolor con un rechazo total e inmediato; vemos el dolor como el opuesto al placer, así como la tristeza al deleite. Sin embargo, el sufrimiento puede ser un medio para que alcancemos planos superiores de comprensión de nosotros mismos y de la vida, que permite tener una visión distinta de la misma. En suma, el dolor llega a ser "la cirugía del alma". Si bien lo rechazamos, lo mismo que a la inseguridad y al sufrimiento, al final "cura". Superar los momentos difíciles y salir airoso de ellos nos permite evolucionar. La fortaleza frente al dolor es el reflejo de la capacidad para resistir la incertidumbre de lo desconocido, así como la cara es el espejo del alma.

La angustia de las crisis y del posible fracaso frente a una visión puede abatir o quebrar; eso dependerá de usted, ya que a otros el dolor del sufrimiento les ordena su vida interior. Los líderes son capaces de resistir los momentos más profundos de crisis e incertidumbre pues su visión es el órgano rector que domina sobre las emociones. A quienes soportan el dolor éste les depara gratas sorpresas; algunos reaccionan con valor y firmeza en los momentos cruciales y en eso se basa la entereza de un líder, dado que lo natural sería evitar el dolor y disminuir la incertidumbre, evitando actuar o huyendo, pero eso jamás lo veremos en un líder. A menos que se trate de una astuta y fina estrategia, pero no por temor.

Al dolor se le denomina "la naturaleza irracional", ya que parecería que va en contra de la felicidad y de la realización, condiciones universales fundamentales. En la mayoría de los seres humanos vemos cómo las crisis los paralizan o los mueven. Lo cierto es que los genios crean sus grandes obras en sus etapas más duras y difíciles, y lo mismo se aplica a los líderes de cualquier ámbito.

Si lo pensamos bien, el dolor es un veneno que cura, que curte el carácter. Así como las vacunas representan un medio para crear inmunidad, por medio de la creación de anticuerpos al inyectar pequeñas dosis de la misma enfermedad, el carácter se fortalece con el dolor y el sufrimiento en las diversas etapas de la vida.

Así como las vacunas nos protegen de las enfermedades, el dolor y el sufrimiento, asimilados con un procedimiento similar al mecanismo de las vacunas, se convierten en una medicina para el fortalecimiento interior del carácter de las personas, mantienen su orden interior y las preparan para soportar los momentos críticos que les depara el futuro.

Tiempo atrás vi un programa de televisión en el que se entrevistaba a varias personalidades exitosas de Hollywood y del mundo de la música. El programa se centraba en descubrir cómo habían alcanzado el éxito.

Para ello, Oprah, la entrevistadora, indagaba la historia de muchos de estos artistas famosos y millonarios. El común denominador fue sorprendente: describían vidas con una juventud colmada de limitaciones, con sufrimientos profundos por haber tenido padres alcohólicos, por haber sido víctimas de vejaciones o dormir como pordioseros en las calles antes de ser famosos. Lo cierto es que estos exitosos personajes demostraron haber salido airosos de ese permanente sufrimiento de la niñez.

Por desgracia, no todos consiguen sobrevivir, dado que a algunos, como ya dijimos, el dolor los hunde. La supervivencia frente al dolor construye el valor, desarrolla una dura piel de rinoceronte ante las vicisitudes y los arduos embates de las situaciones que debemos enfrentar. Los líderes poseen esa condición de dureza, fortaleza y ecuanimidad, movidos por la visión y el propósito con el que están comprometidos. Eso es lo que usted debe desarrollar para construir la dureza interior necesaria para soportar los momentos más desafiantes.

Para finalizar, el dolor produce efectos saludables en la educación del carácter, aunque para aquel que no lo asimila será sinónimo de desesperación, mediocridad y minimización de su personalidad.

De todas formas, le aseguro que el dolor saludable es terapéutico, es la medicina que cultiva su carácter de líder.

El arte de vivir se origina al tener claro lo que se quiere

La visión produce ambigüedad e inseguridad en algunos, pero a aquellos con mentalidad de líderes les permite ver oportunidades al saber qué es lo que buscan. Con la visión se puede sintetizar lo que sucede en el entorno con mayor facilidad. Cuando nuestro proyecto es ambicioso y esperanzador, dificulta que el líder abandone su propósito al encarar la adversidad y el dolor. Los líderes trazan un mapa de su mundo, lo envuelven en un proyecto futuro y esto los incita a arriesgarse en la aventura llamada vida. Viven el presente y planifican el futuro, a pesar de la incertidumbre e inseguridad del porvenir aún no transitado. En general, cuando un líder guarda el equilibrio entre sus mundos material, familiar y social, logra una mayor felicidad y una mayor realización, le saca más partido a la vida y a sus capacidades.

☞ Conclusiones

- Los líderes cuentan con el recurso natural de nuestra especie: la capacidad de reflexión para redireccionar su vida y encontrar lo que le da sentido.

- Cuando la persona experimenta el poder del liderazgo teniendo sus metas claras, sabe lo que quiere y el entorno se convierte en su aliado más importante.

- Cuando los grandes líderes poseen una profunda visión, el resultado se torna en una conspiración hacia su éxito.

- El peor error de algunos líderes es confundir velocidad con dirección. El secreto consiste en dirigir sus acciones hacia una visión estratégica definida.

- Los ejecutivos pagan muy caro la falta de una visión clara; deambulan con decisiones sin rumbo y son presa de los cambios del entorno.

- Cuando los líderes se han fijado un por qué en la vida pueden soportar cualquier sacrificio que el medio les imponga.

- Cuando los seres humanos no tenemos un propósito definido, ello nos sume en la vulnerabilidad y nos hace vivir con lo menos.

- Cuanto más analice cuál es su proyecto de vida, más desprenderá las capas de la confusión, surgirá en usted la luz de la visión y, como consecuencia, el liderazgo.

- Detrás de cada líder siempre ha habido un número dos que camina junto a él con un estilo de reflexión que compensa al líder en la toma de decisiones.

- Si usted pretende dirigir su destino como un gran líder es preciso que siembre en su mente una meta a fin de endurecer su carácter. Quien no lo comprenda estará a merced de las circunstancias.

- La ausencia de una visión envejece su vida, la lozanía de una persona no depende de la edad sino de los planes que se ha fijado por hacer. Los líderes tienen por qué vivir.

⏱ *Reflexiones*

Analice lo siguiente:

1. ¿Tiene usted una visión clara de lo que quiere en la vida?

2. ¿Ha experimentado alguna vez la percepción selectiva luego de haber decidido?

3. ¿Es usted el tipo de líder que imprime más velocidad que control a su vida?

4. ¿Vive usted en el ajetreo diario, donde la actividad constante parece productividad, sin considerar con exactitud hacia dónde se dirige?

5. ¿Ha descubierto en usted cuál es su don único e irrepetible que puede desempeñar como nadie y que constituye la gran diferencia en su liderazgo?

6. ¿Es usted un líder centrado en el presente, que hace las cosas en forma correcta sin saber si eso es lo apropiado?

7. ¿Ha experimentado realizar una reflexión profunda sobre sí mismo que le permita irrumpir paso a paso en lo desconocido y diseñar un proyecto que fortalezca su liderazgo?

8. ¿Ha realizado con su grupo un análisis de la visión y la misión personales y de equipo que les permitan unificar las conductas hacia un propósito?

9. ¿Está usted profundamente comprometido con su proyecto de vida, es congruente entre lo que dice que va a hacer y lo que hace, jamás desiste de sus compromisos hasta verlos terminados?

10. ¿Es usted de las personas que no cumplen con disciplina sus promesas y en ocasiones cae en la posposición?

✔ *Autoevaluación capítulo 5*

Capacidad visionaria del líder

Evalue su actuación como líder tal cual es en la actualidad y no como debería ser, calificando de la siguiente manera:

1 = Casi nunca   2 = A veces   3 = Con frecuencia   4 = Casi siempre

1. ¿Con frecuencia termina sus proyectos en el último momento? .... **1 - 2 - 3 - 4**

2. ¿Hace las cosas fáciles primero y las que no le gustan después? .... **1 - 2 - 3 - 4**

3. ¿Suele llegar tarde a las citas o juntas? .... **1 - 2 - 3 - 4**

4. ¿Se organiza para realizar sus tareas, pero luego se retrasa en llevarlas a cabo? .... **1 - 2 - 3 - 4**

---

5. ¿Piensa demasiado las cosas y luego
   pierde las oportunidades? .... **1 - 2 - 3 - 4**

6. ¿Le hace falta tener más energía? .... **1 - 2 - 3 - 4**

7. ¿Pospone la práctica de sus ejercicios físicos? ...... **1 - 2 - 3 - 4**

8. ¿Pierde la noción del tiempo y se retrasa
   en lo que hace? .... **1 - 2 - 3 - 4**

9. ¿Debe hacer un mayor esfuerzo para
   dar seguimiento a sus cosas? .... **1 - 2 - 3 - 4**

10. ¿Hace las reservaciones de sus vacaciones
    en el último momento? .... **1 - 2 - 3 - 4**

Sume los números que marcó y analice sus resultados:
SUMA TOTAL:

25 a 30 puntos = su actitud está orientada a ser un líder ejecutor.
19 a 24 puntos = necesita trabajar en sus actitudes para producir resultados en forma consistente.
10 a 18 puntos = debe hacer un cambio significativo en sus actitudes
para orientarse hacia la ejecución de resultados.

Evaluación ON LINE Liderazgo

Si lo desea puede realizar su
autoevaluación en línea a través
de nuestra página de internet:
www.borghino.com.mx

Plan de acción para el próximo lunes

1. Defina junto con su familia una visión global de su vida.

2. Defina metas de corto plazo y practique la elección selectiva.

3. Marque el rumbo que desea como líder y ponga una fecha límite.

4. Sature su mente con literatura de los grandes líderes.

5. Seleccione a su número dos y desarróllelo.

6. Descubra si su capacidad es visual o auditiva y emprenda acciones.

7. Cultive el músculo de la visión en sus hijos.

8. Observe el dolor como un proceso de maduración personal.

Pregúntese acerca de lo aprendido en este capítulo

❐ ¿Qué puedo aplicar en mi vida **profesional**?

❐ ¿Qué puedo aplicar en mi vida **personal**?

❐ ¿Qué **cambios** debo realizar en el corto plazo?

PARTE 2

Cómo actúa un líder

6. La mente estratégica del líder

La imaginación es el poder que tiene la mente sobre las posibilidades de las cosas.

WALLACE STEVENS

¿Qué puede esperar de este capítulo?

En este capítulo usted:

1. Aprenderá cómo piensan los grandes líderes al tomar decisiones estratégicas de alto riesgo.

2. Identificará la capacidad de asumir riesgos con alto nivel de incertidumbre y su impacto en los resultados.

3. Identificará cómo influye el nivel de estrés y ansiedad en la toma de decisiones estratégicas.

4. Conocerá las etapas que la mente de los estrategas atraviesa para tomar una decisión.

5. Identificará las razones por las cuales hay en las empresas un vacío de liderazgo.

6. Descubrirá cómo desarrollar la mente tridimensional de los grandes estrategas.

121

Los líderes resuelven

El desarrollo del liderazgo requiere una mentalidad estratégica y de soluciones prácticas a los problemas. La existencia del líder en un grupo se justifica por su capacidad para resolver los múltiples problemas que éste enfrenta para obtener resultados. En suma, la habilidad más importante que debe desarrollar un líder es su habilidad de solución inmediata, certera y estratégica de los problemas. Resulta paradójico, pero los problemas se transforman en su mejor recurso para el éxito. Por eso las habilidades de pensamiento estratégico son esenciales para su función.

Los estrategas piensan en resultados, no en intenciones. Mantienen un claro conocimiento de "cómo" lograr lo que quieren y solucionar sus problemas y sus obstáculos. Pensar en forma estratégica permite obtener algo mejor de las situaciones. En la antigua Roma existía un grupo de expertos en ataques militares llamados "los estrategos", especializados en diseñar el movimiento de sus ejércitos de acuerdo con el conocimiento de sus enemigos y el campo de batalla.

Hay algunos personajes de la historia con modelos estratégicos claros para lograr sus éxitos. Tres de los que me gustaría mencionar aquí fueron el gran conquistador Alejandro Magno, Aníbal, quien conquistó Roma, y el almirante Horacio Nelson, quien derrotó a la flota francesa de Napoleón en la Batalla de Trafalgar.

Alejandro Magno

Más conocido como "El Triunfador" por su gente, se caracterizó por sus novedosas estrategias militares que lo llevaron a conquistar casi todo el mundo conocido en aquella época. ¿Quién no ha leído acerca de la conquista de Persia en el año 333 a. C.? Alejandro fue un gran líder no sólo porque conocía bien los ideales de sus soldados sino que también les posibilitaba su realización. Algunas de sus estrategias como líder eran prestar atención al estado de ánimo de sus colaboradores; provocar que desarrollaran una gran confianza en sí mismos y estuvieran orgullosos de lo que hacían; estimularlos a tener sueños de éxito y triunfo y a dar lo mejor de sí mismo en las batallas.

Aníbal

Se le reconoce como El Conocedor de los Hombres. A los nueve años prestó juramento ante su padre, Amílcar Barca, de que habría de dar sentido a su vida y destino a su inteligencia. Aníbal juró ser siempre enemigo del pueblo romano y este juramento lo condujo a comenzar la segunda Guerra Púnica, el segundo combate por el poder entre romanos y cartagineses, y el mayor y más peligroso desafío al que nunca antes Roma se había tenido que enfrentar. El impacto de Aníbal sobre los romanos fue tan grande que su imagen de invencible se albergó durante siglos en la mente de todos los habitantes de la vieja Roma. Era un hombre con gran arrojo para controlar los peligros y sangre fría en los momentos críticos. Nunca se fatigaba. Sólo descansaba después de terminar su trabajo y lo hacía como cualquier soldado, en el piso cubierto con su manto militar. Pero era el mejor soldado a caballo y a pie, el primero en entrar en combate y el último en salir. Además, era un incansable productor de resultados. En mayo del año 218 a. C. Aníbal, con sólo veintiséis años de edad, se puso en marcha con cincuenta y cinco mil soldados de infantería, doce mil jinetes y treinta y siete elefantes en la campaña más espectacular que general alguno hubiera emprendido antes, menos aun con elefantes y sin caminos construidos. La invasión se realizó por el norte, para lo cual cruzó Los Alpes. Ésta fue una decisión estratégica; sabía que no podía perder tiempo ya que los romanos habían movido sus ejércitos hacia España y África, a la espera de su ataque. Tras semanas de una cansada e interminable ascensión Aníbal tuvo que motivar a su gente para continuar el camino hacia la conquista de Roma. Basaba su estrategia de éxito en varias creencias: que la supremacía moral generaría fortaleza mental en su gente, que sin grandes recompensas no habría grandes acciones por parte de sus soldados, que los lazos humanos crean el compromiso personal, que las promesas sólo motivan si hay credibilidad, que la motivación de su gente no sólo sería encendida por sus palabras sino por su comportamiento ejemplar con ellos. Por lo anterior, procuraba conocer bien a sus soldados y los convencía por medio de la fe en el éxito. Su secreto fue estar siempre cerca de ellos y no quedarse en el limbo de su poder.

Almirante Horacio Nelson

Quien piensa en Horacio Nelson piensa en Trafalgar, en aquella famosa batalla naval que tuvo lugar en la costa suroeste de España y en la que Nelson aniquiló a la flota francoespañola. Nelson tenía un estilo de liderazgo muy adelantado para su época. No era autoritario ni despectivo, sino humanista, un hombre justo con gran disciplina y orden. Veía a sus colaboradores con respeto y caballerosidad. Su sentido de la justicia y legitimidad era total. Por tanto, no sólo se transformó en uno de los grandes personajes de entonces, sino también en uno de los más queridos. Sus motivaciones eran la gloria, la fama y el ser admirado por los demás y hablaba con apertura sobre ellas. Las estrategias de dirección de Nelson eran las siguientes: estaba dispuesto a dirigir y a cumplir con sus promesas; mostraba su valor con una actuación responsable, creando un modelo de comportamiento para su gente; involucraba a sus seguidores en las decisiones y en las soluciones; la delegación de tareas era su fuerza; brindaba a sus colabora-

Las oportunidades pequeñas son frecuentemente el comienzo de grandes empresas.

DEMÓSTENES (352 A. C.)

Mentalidad estratégica

Usted tiene la capacidad para desarrollar una mente como cualquiera de estos grandes líderes de la historia. Para ello deberá procurar, entre otras cosas, no formar parte de la epidemia de la sociedad que cultiva las conductas de la relatividad del corto plazo y no del compromiso profundo por sus convicciones.

Los líderes desarrollan esta cualidad de ver los problemas con una perspectiva estratégica. Comprenden la realidad, la manera en que las cosas son. Pueden mantener la objetividad en esos momentos difíciles que todos experimentamos en reiteradas ocasiones. Los líderes saben que, por difíciles que sean los acontecimientos, necesitamos lidiar con ellos, sin importar cuán complejos y tensionantes sean. La tensión no sólo nos perjudica a nosotros mismos, sino que afecta en forma negativa lo que hacemos.

Quien no actúa como líder por lo general lleva una vida más compleja, dada la ambigüedad provocada por el riesgo de tomar decisiones con altos niveles de incertidumbre, algo natural en cualquier decisión estratégica. La falta de liderazgo personal lo confunde acerca de lo que es la realidad y genera en él tensión, inseguridad y nerviosismo. Tiende a exagerar las condiciones negativas de los riesgos estratégicos, perdiendo la perspectiva de solución.

Por su parte, el líder sabe que añadir ansiedad y confusión a los acontecimientos bloquea la visión estratégica y desvía nuestra energía del objetivo verdadero. La tensión es contagiosa, la proyectamos en todas las situaciones y todas las personas que nos rodean. La mente nos hace creer que las situaciones difíciles existen y son recurrentes. Por eso hacemos las cosas más difíciles de lo que son. No sabemos si la tensión la generamos nosotros frente a la dificultad de la estrategia o si es parte integral de la situación misma. Si los problemas estratégicos fueran intrínsecamente perturbadores, serían permanentes y para todos y no es así. Si no entendemos esto nos autocondenaremos a enfrentar situaciones incontrolables en forma recurrente. El pensamiento estratégico del líder aparece cuando comprende que, sea cual sea la situación, la tensión y el estrés son producto de la manera como uno reacciona ante las situaciones y no de éstas en sí mismas. Por ende, en la mente del líder se establece el autocontrol. Logra eliminar la confusión que nos hace pensar compulsivamente que los problemas están "allá afuera", que no forman parte de nosotros y, en consecuencia, no nos permite resolverlos con un enfoque estratégico. La mente estratégica del líder comprende que los acontecimientos estresantes y complejos se relacionan con nuestra mente o percepción y no con las circunstancias. Lo que importa, entonces, no es lo que sucede en el entorno, sino el modo en que uno lo percibe. Esto es lo que determina la posibilidad de construir una estrategia viable o ser parte del problema.

Aquel que viva según lo que diga la bola de cristal, terminará comiendo vidrio molido.

ANÓNIMO

¡Se buscan líderes!

La pregunta que la mayoría de las personas se hace es: ¿por qué en la actualidad es tan difícil identificar líderes en el mundo? ¿Por qué es difícil encontrar líderes que respondan a las necesidades de los grupos, comunidades o equipos de trabajo? ¿Por qué la mercadotecnia, el carisma y la tecnología de la personalidad han subordinado lo verdadero? ¿Qué ha cambiado en el ser humano que la búsqueda de intereses individuales ha subordinado el interés colectivo? ¿Por qué este vacío de liderazgo?

La dificultad a la que se enfrenta nuestra sociedad es que asistimos al inicio de una civilización ahogada en información pero sedienta de conocimiento, con valores ad-hoc que usa a su conveniencia, centrada en el presente e ignorando la perspectiva futura y el compromiso personal.

La dificultad de encontrar líderes se nutre de un mundo de imágenes, en el que lo de menos es como se es y lo de más es lo aparente; eso nos transforma en sujetos triviales y en la transitoriedad hace todo permisible.

La vida centrada en la trivialidad neutraliza el desarrollo de los grandes líderes

Nos hemos transformado en seres fríos, que no creemos en casi nada, aun con evidencias. Nuestras opiniones cambian con rapidez y destierran valores ancestrales.

Debido a esto hemos perdido la dirección, vivimos para nosotros mismos y para un placer transitorio, debilitándonos cada día más. La nuestra es la era de la revolución del consumismo, que ha superado incluso al comunismo; esta mentalidad llegó para quedarse. En suma, nos transformamos en seres humanos egocéntricos que no fomentamos los hábitos necesarios para construir nuestro liderazgo, pues vivimos tiranizados por estímulos que no terminan por llenarnos de felicidad. Si continuamos así nos hundiremos en el vacío existencial y nos será difícil conducir nuestro destino. La búsqueda de estereotipos, de una personalidad y una identidad por medio de las cosas, del éxito por medio del atajo, del resultado inmediato y oportunista, dirige al hombre a un callejón sin salida. Esta superficialidad lo ha hecho presa de su banalidad y ha disminuido su capacidad para dirigirse a sí mismo, ya no hablemos de dirigir la vida de otros. Tomemos en cuenta que, como leí alguna vez, "nos preocupamos tanto por darle a nuestros hijos las cosas materiales que no tuvimos, que nos olvidamos de darles lo que sí tuvimos".

> *Es difícil elevarse como un águila cuando se está trabajando con pavos.*
>
> ARLENNE BLUM

El vacío de liderazgo en la sociedad se explica por sí mismo: en la medida que el ser humano no encuentre satisfacción en lo que tiene, no se sentirá pleno. Su mente no podrá encontrar caminos para construir una estrategia de largo plazo que defina para él el horizonte y un destino más seguro. Los líderes construyen justo esa mente estratégica que les permite tener los pies en la tierra y sentir confianza en el porvenir y la trascendencia de la vida, con un equilibrio entre el mundo exterior e interior, entre lo material y lo espiritual.

Revise usted sus conductas, ya que el líder no sólo se construye con su interés por serlo, sino también al sustentar el bien colectivo y el sentido de trascendencia. Sólo así podrá cultivar una mente estratégica, basada en valores de convivencia humana.

La mente tridimensional de los estrategas

La extraordinaria mente de los líderes que definen estrategias exitosas tiene la capacidad de contemplar los problemas desde varias perspectivas; es comparable a las computadoras que en forma tridimensional pueden rotar un objeto y verlo en todas sus dimensiones; además, les permite trazar el camino más indicado según la situación. Los líderes no se dejan atrapar por los problemas que enfrentan; más bien, encuentran la oportunidad en el obstáculo y soluciones donde otros ven sólo problemas. No se quedan inmóviles frente a la dificultad y la incertidumbre, buscan vías alternativas quizá nunca imaginadas.

Un día vi una película sobre la invasión de los romanos a la ciudad de Masada, reducto de los judíos. Conquistar esta fortaleza, perfectamente construida en la cima de una montaña y rodeada de murallas, fue una labor difícil de muchos meses, para la cual los romanos tuvieron que utilizar varias estrategias no muy ortodoxas. El líder de los judíos de Masada, al darse cuenta de que era inminente la caída de la ciudad, tomó una decisión que marcó la historia del pueblo judío y la percepción de los romanos acerca de ellos. La decisión fue aceptada por todos los que vivían en ella. Prefirieron morir antes que ser esclavos de los romanos. Su objetivo en la vida era la libertad y, con base en esa imagen, optaron por quitarse la vida antes de sucumbir a la esclavitud permanente. Cuando los romanos entraron a la ciudad no encontraron resistencia alguna dado que todos —incluso niños, mujeres y ancianos— se habían degollado con un filoso cuchillo.

Este pasaje demuestra una vez más que los líderes son personas con carácter y valentía que toman decisiones en todo momento sin temor, sabiendo que el objetivo está primero.

La visión del líder compartida con todo su grupo se transforma entonces en el fundamento de sus decisiones. Por consiguiente, los líderes deben considerar sus decisiones estratégicas tomando en cuenta múltiples opciones y no una sola percepción de la realidad.

Pizarro, un líder estratega que conquistó Perú

La historia de la conquista de Perú por parte de Francisco Pizarro es un ejemplo de dicha capacidad. Según la historia, en el atardecer del 16 de noviembre de 1532 se abrió el último capítulo de la historia del imperio de los incas, comandados por el emperador Atahualpa. El conquistador español Francisco Pizarro se dirigía a la reunión que había acordado sostener en la ciudad de Cajamarca con el emperador, quien lo esperaba sin temor ya que gobernaba toda la nación de más de tres millones de incas. ¿Qué podrían hacerle ciento cincuenta soldados?

Pero Atahualpa ignoraba que Pizarro, después de investigar las costumbres de su imperio, con dos días de anticipación preparó con todo detalle una estrategia para atraparlo; colocó a sus falconetes en los lugares clave.

El día de la reunión, al ver los españoles aparecer el cortejo que acompañaba al inca se quedaron perplejos. Atahualpa avanzaba imponente, sentado en una silla de oro incrustada de esmeraldas que relucían con esplendor bajo los rayos del sol. Sorpresivamente, los falconetes españoles dispararon desde sus escondites. Se lanzaron sobre el emperador y en unas horas se consumó la alevosa matanza. Cientos de muertos llenaron la plaza y Atahualpa fue conducido prisionero a su propio palacio. Nueve meses después, el 29 de agosto de 1533, Pizarro le dio muerte y asumió el control del imperio inca. Esta atrevida y valerosa acción muestra su mentalidad estratégica racional, capaz de interpretar que el modelo centralista de poder del imperio inca le proporcionaba una única opción de quedarse rápidamente con él tomando prisionero a su emperador. Esperaba que los guerreros no lo atacaran dada su dependencia de poder, deducción que resultó correcta y le hizo lograr su propósito de conquista. Su valentía como estratega fue fundamental porque su vida estaba en juego en esa decisión; todos podrían haber muerto en el intento. Así es la vida de los líderes, los directivos de hoy pierden sus puestos por errores estratégicos.

Pizarro analizó la situación desde varios puntos de vista y optó por uno de ellos como el más viable de acuerdo con el número de miembros de su ejército y la vulnerabilidad que presentaba el imperio inca por su centralismo de poder e incapacidad de tomar decisiones sin el consentimiento de su emperador. La realidad a simple vista era irracional: atacar a un ejército de tres millones de indígenas con ciento cincuenta soldados españoles. Pero resultó.

Por lo anterior, la valentía y el compromiso con el objetivo permiten buscar alternativas, modificar la percepción y el paradigma desde el que se observan las cosas y, con valentía, asumir el riego. De ahí que si usted ha sido educado en la cordura, la estabilidad y la cautela, su camino para guiar su destino y el de otros en la gran campaña de la vida y su realización personal, le será difícil.

El liderazgo y los paradigmas

¿Qué es un paradigma? Un paradigma es la forma como uno percibe las situaciones. Es un modelo que evalúa las experiencias. Es una lente a través de la cual observamos la realidad. Es un marco de referencia. En suma, es la forma en que nuestra mente ve y evalúa lo que sucede. A través de esa lente hacemos nuestros juicios y tomamos decisiones. Como describe Joel Barker en su libro *Paradigmas*: "Un paradigma es un conjunto de reglas y reglamentos que define límites o fronteras y nos dice qué debemos hacer para ser exitosos dentro de esos límites establecidos". Entonces, el éxito se define como ser capaces de resolver los problemas con esas reglas. Por lo regular los cambios en la raíz de un paradigma permiten alcanzar las grandes transformaciones en la sociedad. De ahí que todo cambio revolucionario que se recuerde de un líder sea, en esencia, un cambio de paradigmas. En consecuencia, para que usted comprenda la responsabilidad de un líder debe comprender en profundidad qué es un paradigma.

Uno debe darle forma a su propio futuro; si no lo hace, con seguridad alguien más lo hará por usted.

JOEL BARKER

130

Comprendiendo el cambio de los paradigmas

1. Todo paradigma nuevo que haya revolucionado al mundo sustituye a un paradigma anterior que aún es exitoso. Éste es el don de un líder, ver un cambio cuando todos están concentrados en el paradigma que todos observan. Tal fue el cambio que visualizó Bill Gates. Mientras todos continuaban haciendo dinero construyendo equipos, él visualizó que el negocio estaba en el software y no en los fierros. Eso demuestra que el líder siempre debe preguntarse: "¿qué problema es recurrente y aún no ha podido resolverse?". Si no encuentra la solución, esto significa que la fórmula no consiste en perfeccionar lo que está haciendo sino en cambiar el paradigma.

    En la historia de McDonald's se observa cómo los hermanos Dick y Mac Donald, después de iniciar en 1946 con un pequeño puesto hecho de madera prestada, evolucionaron hasta construir su primer restaurante que ofrecía un menú más amplio, para luego incorporar meseras que entregaban los pedidos directos en los automóviles en su estacionamiento. Fueron los primeros en hacer que las meseras usaran patines y en volver más llamativo su servicio. Hasta que en 1948 estuvieron a punto de quebrar y cerrar su *drive-in*, dada la gran cantidad de competidores que habían proliferado en San Bernardino, California. Pero, en lugar de cerrar, decidieron reformar por completo el concepto de su negocio. Al analizar los recibos de venta se dieron cuenta de que el producto que más se vendía eran las hamburguesas y, con base en eso, con ánimo revolucionario, redujeron el menú: eliminaron todos los otros productos y se concentraron en las papas fritas y las hamburguesas. Pero también visualizaron elevar el volumen de ventas con un aumento de su capacidad de producción. Todo su nuevo concepto se basó en rapidez, precios bajos y volumen. Eliminaron también a sus meseras y las sustituyeron por ventanillas de servicio directo a los clientes. Aumentaron el tamaño de la parrilla, sustituyeron los cubiertos por cubiertos de plástico y los vasos de vidrio por vasos de papel. Decidieron que toda hamburguesa se prepararía con salsa de tomate, mostaza, cebolla y dos rodajas de pepinillo y si alguien pedía algún cambio debía esperar.

    Imagine por un instante esta decisión revolucionaria. El sentido común en aquellos días decía que esto iba en contra de las prácticas de servicio utilizadas hasta ese momento. "Si le permitimos a la clientela escoger, aquello será un caos", decían los hermanos. Así construyeron su nuevo negocio que comenzó a crecer como nunca, gracias a que se arriesgaron a romper el paradigma tradicional del servicio de comidas e implantar uno nuevo.

Es importante no confundir el borde del camino con el horizonte. Aquellos que dicen que no se puede hacer deben salirse del camino de quienes sí lo están haciendo.

DICK DAVIS

2. Los cambios de paradigmas casi siempre provienen de personas que están fuera del negocio y por lo general las nuevas ideas son rechazadas. Esa resistencia se debe a que, como el personal ha trabajado durante mucho tiempo con un mismo paradigma, rechaza todo lo que no responda a los parámetros tradicionales pues han probado que las cosas funcionan mejor de esa forma tradicional.

3. Los cambios de paradigmas por lo regular se realizan sin tener fundamentos del éxito y los beneficios que aportarán. Así fue la decisión de los hermanos McDonald. Las decisiones de cambio suelen sustentarse en la intuición y no en bases tecnológicas o financieras que garanticen el riesgo. Con su nueva idea, estos hermanos fueron en contra de lo preestablecido; parecía una decisión suicida obligar al cliente a comer una hamburguesa como ellos querían y no como él lo deseara.

4. Cuando se cambian los paradigmas, también cambian las percepciones. Por tal razón, es posible que dos personas, ante un mismo problema, tomen decisiones diametralmente opuestas para su solución. Uno define el mundo como lo ve, no como en realidad es. Por eso tantas personas inteligentes han tomado decisiones tan absurdas. Esta polaridad de decisiones es producto de que un cambio de paradigma puede representar una mejora de lo actual y otro cambio de paradigma muy diferente cambiar la realidad actual. Esta última es combatida de manera acérrima por los que forman parte del actual paradigma, dado que el cambio intenta destruir lo

que se hace ahora. En esencia, el cambio de paradigma no pretende realizar mejoras progresivas sino incursionar en otra forma de ver y hacer las cosas. Se dice que cuando un paradigma cambia todo vuelve a cero, es decir, todo es nuevo. Esto explica por qué muchas compañías pequeñas pero con una idea revolucionaria pueden hacerle frente a las grandes corporaciones. Basta recordar cómo Apple se enfrentó a IBM. Si usted como líder desea cambiar un paradigma deberá preguntarse siempre: ¿qué no es posible hacer hoy que, de poder hacerse, cambiaría la dirección de nuestra empresa?", y aceptar que deberá luchar contra la resistencia presentada por los adeptos al viejo paradigma.

Características de los paradigmas, según el escritor Joel Barker

a. Los paradigmas cambian el tradicional dicho "Lo creeré cuando lo vea" por "Lo veré cuando lo crea".

b. Si usted cree obsesivamente en un paradigma corre el peligro de que su mente se paralice para observar nuevas alternativas.

c. Los paradigmas afectan fisiológicamente nuestra habilidad de ver el mundo. Lo que es obvio para una persona puede ser por completo invisible para otra.

d. El don más grande de los seres humanos es la capacidad de escoger sus propias conductas y paradigmas.

e. Para generar cambios se necesitan personas que piensen como líderes, no administradores.

f. Las estadísticas no son representativas de la descripción del nuevo paradigma, aunque sí del viejo.

g. La visión es una herramienta poderosa que los líderes poseen para construir el nuevo paradigma.

h. Los paradigmas viejos actúan como filtros de la información del medio ambiente. Desechan todo lo que no encaja y toman sólo lo que es compatible con ellos.

i. Cuando los líderes crean grupos homogéneos, todos ven el mundo de una forma similar. Ésta es un arma de doble filo.

j. Se puede administrar dentro de un paradigma, pero necesariamente uno debe ser líder para manejar la transición entre un paradigma y otro.

Los líderes retan los paradigmas convencionales

Es importante tomar conciencia de que un paradigma puede estar equivocado, o puede constituir una percepción parcial y no un mapa completo de lo que sucede. Los grandes líderes viven a diario forzando los límites de su pensamiento, modificando el paradigma con que observan la realidad y la forma de tomar sus decisiones. Comprenden que las viejas ideas limitan la creación de nuevas y que la mayoría de nuestras ideas son una extensión del pasado, no un cambio.

Los paradigmas sólo se modifican cuando usted dimensiona su mente desarrollando la capacidad de observar al mismo tiempo el corto y el largo plazos, lo micro y lo macro. En la siguiente figura se muestran los diferentes tipos de paradigmas de liderazgo.

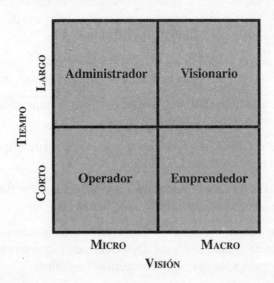

El visionario: visualiza la situación con base en el impacto en el largo plazo y en una dimensión global del problema.

El emprendedor: tenderá a resolver el problema en el corto plazo, en forma inmediata, visualizando su solución integral.

El administrador: analizará el impacto de la decisión en el futuro, así como los detalles del problema.

El operador: resolverá el problema aquí y ahora, sin importar el impacto en el largo plazo dada la urgencia de la decisión.

Desarrollar esta capacidad de analizar y cuestionar una decisión con base en las cuatro dimensiones del problema y sus consecuencias en el corto y el largo plazos es un don de los líderes dotados con la flexibilidad que requiere esta mentalidad holística que permite el cambio de los paradigmas tradicionales.

La derrota del mago ocurre cuando llega a creer en su propia magia.

DAVID COPPERFIELD

La realidad

Si Pizarro hubiese valorado la realidad desde un solo ángulo nunca habría considerado atacar un imperio de tres millones de incas y se habría convencido de que tal decisión era absurda.

Una fábula de Esopo describe a la perfección el efecto de un paradigma.

La fábula dice así: había una vez un grupo de cavernícolas que vivían bajo la tierra, nunca habían tenido contacto con el mundo exterior.

Su única distracción, durante pocas horas del día, era ver en las paredes de su caverna dibujos de animales que se reflejaban con rapidez para luego desaparecer. Esto los hacía reír, para ellos era como ver una película, toda su diversión.

Así habían vivido por generaciones.

Hasta que un día un joven preguntó: "¿Qué es esa luz intensa en el fondo de la caverna?".

Le aconsejaron que no se acercara, estaba prohibido ya que encontraría la muerte en esa bola de fuego que les proporcionaba calor y regulaba la temperatura de la caverna.

Nadie hasta entonces lo había intentado, hasta que este joven, arriesgando su vida, descubrió que el brillo provenía de la puerta de entrada de la caverna y no del fuego de la muerte y encontró que lo que ellos veían eran las figuras de animales vivos que pasaban frente a la puerta del túnel y que el sol reflejaba en la pared.

Así son los paradigmas, no podemos desterrarlos de nuestra mente ya que creemos en lo que ésta ve o lo que la costumbre nos dicta. Vivimos y decidimos con base en ellos, en las creencias que hemos construido a lo largo de los años.

Sólo el cuestionamiento que emana de la mentalidad multidimensional y comprometida de un líder puede erradicar los viejos paradigmas e inducirnos al cambio y el progreso.

Los paradigmas condicionan nuestras conductas como líder

Muchos países viven con paradigmas arraigados que no cuestionan. Por ejemplo, en las sociedades nativas de Alaska, los visitantes de las aldeas tienen que dormir la primera noche con la mujer del anfitrión. Rechazar esta invitación sería una ofensa. En cambio, en algunos países árabes mirar a los ojos de una mujer es considerado un crimen.

Cuando los ciudadanos de la antigua Roma iban a cenar a casa de alguien y comían pollo, tiraban los huesos hacia atrás y con ese gesto daban a entender que su anfitrión era bastante rico como para disponer de siervos que limpiaran el lugar. Si esto lo hiciéramos hoy nos tomarían por locos y maleducados.

Los paradigmas son modelos de pensamiento que nunca cuestionamos: ahí están, silenciosos, los tomamos como una verdad absoluta, como nuestra verdad.

Hace años vi una película del futurólogo Joel Barker, que con los años se hizo muy popular, que hacía referencia a este concepto explicando cómo en 1979 los suizos dominaban el mercado mundial de los relojes, con el noventa por ciento. Un día, en una exposición los suizos presentaron su nuevo reloj electrónico de cuarzo como novedad. El público nunca le prestó mucha atención ya que no tenía los componentes tradicionales, como sus engranajes, resortes o rubíes. Pero los japoneses, que son muy observadores y no tenían una historia detrás de este asunto, pasaron, lo vieron y el resto es historia por todos conocida: invadieron el mundo con ellos. Los suizos pasaron de tener noventa por ciento del mercado a conformarse con sólo quince por ciento. En apenas tres años, más de cincuenta mil trabajadores perdieron su empleo en la industria relojera. Lo paradójico de todo esto es que el inventor del reloj de cuarzo era suizo, pero nunca le vieron futuro porque el nuevo modelo no encajaba con su manera tradicional de concebir un reloj. Cuando uno observa un nuevo paradigma todo lo visto antes se derrumba, ya no tiene relevancia. Toda la tecnología aprendida durante años en la construcción de relojes no era muy útil para la construcción de los nuevos modelos de cuarzo. Por ende, resultaba difícil cambiar de forma de pensar y de evaluar las experiencias y los problemas. Ahora, pregúntese si sus capacidades le permitirán alcanzar sus objetivos futuros, dado que no se pueden obtener resultados diferentes con las mismas ideas.

Recordemos lo que le sucedió a Galileo Galilei, quien explicó por primera vez que el Sol era el centro del Sistema Solar y que la Tierra giraba alrededor de él. Por eso lo mandaron a la cárcel y casi pierde la vida. "¿Cómo se atreve a desmentir la Biblia?", dijeron entonces. Y es que cada vez que cambiamos un paradigma, pagamos un precio. "El auténtico descubrimiento no consiste en encontrar nuevas tierras, sino en verlas con otros ojos", decía el escritor francés Marcel Proust. No es necesario cambiar de ciudad o de país, las oportunidades están ahí, basta verlas con otros ojos. William Feather, autor inglés, lo resumió de este modo: "La forma de ver el problema es el problema".

Por su parte, Thomas Kuhn afirmaba que cuando los paradigmas cambian, la realidad también cambia con ellos. Después de estudiar los descubrimientos científicos de los últimos cuatrocientos años, se dio cuenta de que cuando un científico encuentra un dato que no cuadra con el paradigma en el que vive puede hacer dos cosas: o bien ignorarlo, o bien manipularlo hasta conseguir encajarlo en su forma de pensar. Pero hay una tercera opción: cuestionar el paradigma y transformarlo. Esto lo realizan aquellos que emplean un enfoque estratégico, que pueden enfrentar los problemas y cambian su perspectiva: los líderes que piensan en forma tridimensional. Giran el problema, consideran todos sus ángulos y desarrollan múltiples alternativas de solución para un mismo evento. Dice Peter Senge en su libro *La quinta disciplina*: "Sólo se puede entender un problema observando el conjunto y no sólo una de las partes". La dificultad reside en que para el ser humano es más seguro buscar dentro del viejo paradigma que dentro de uno nuevo, aunque sabemos que las viejas creencias nunca nos conducen al crecimiento futuro.

Una vez más vemos que vivimos influidos por la costumbre y no por la sabiduría e inteligencia. Cuando un paradigma cambia las oportunidades se multiplican, en tanto que la terquedad y la inflexibilidad anulan la creatividad natural y alejan de la solución correcta.

El apego a los paradigmas tiene un doble efecto que debe ser considerado si usted desea ser un líder con mentalidad estratégica. Los adeptos a un cierto paradigma por un lado aceptan lo que coincide con su modelo de pensamiento y por otro rechazan la información que no corresponde con lo que creen y pudiera distorsionar sus decisiones. Cuestionar los paradigmas es un paso fundamental para no caer en la "parálisis paradigmática" que surge cuando no se cambia a tiempo.

No olvidemos que lo que importa no es lo que sucede sino la forma en que reaccionamos ante lo que sucede.

Los paradigmas son imperceptibles, como el agua lo es para los peces: sólo perciben su importancia cuando los sacan de ella. En el mundo de los negocios sucede lo mismo, una idea se derrumba cuando alguien descubre una forma diferente de abordar un asunto. Los japoneses resolvieron el problema de los engranajes de los selectores de canales de los antiguos televisores, hasta que alguien cambió el paradigma y los transformó en botones... y de ahí al control remoto.

Sin duda en el futuro habrá un selector de voz u otros paradigmas más sofisticados que hoy desconocemos.

El cambio de paradigma que realizó Federal Express con respecto al correo tradicional fue uno de los más revolucionarios y dio paso a negocios de millones de dólares. También lo hizo Domino's Pizza con su entrega a domicilio, McDonald's con la comida rápida y muchos más.

En los Juegos Olímpicos de 1968 en México un atleta demostró por primera vez que el salto de altura hecho de espaldas era más eficiente que como se venía realizando desde siempre, de frente. Con este cambio de paradigma hizo evidente que existía otra forma de saltar mucho más alto, ya que con el antiguo sólo se aumentaban milímetros cada cuatro años.

Intentar crecer dentro de un mismo paradigma permite pequeñas mejoras, es sólo cuando se cambian que los resultados pueden ser enormes. O sea, si desea implantar pequeños cambios en su vida, construya sobre sus paradigmas actuales; pero si pretende alcanzar grandes éxitos, cámbielos para ver nuevas oportunidades. El rompimiento con la realidad mediante nuevos paradigmas es la clave del éxito de los líderes. Ven lo que otros no ven. Ven de múltiples formas, en cuarta dimensión, no se obstinan con una sola idea o percepción. Comprenden que el poder de lo visible es lo invisible y saben que deben encontrarlo; que si aprendemos a resolver los problemas de la misma manera, estaremos destinados a repetir siempre nuestros comportamientos. Descubren que cuando el ser humano aprende a usar el martillo cree que cualquier problema es un clavo.

El conocimiento de las cosas y sus paradigmas puede provenir de fuentes distintas, que hoy es factible superar de inmediato.

Cuando era niño y me resfriaba o tenía fiebre, mis padres me daban un caldo de pollo bien caliente antes de ir a dormir, costumbre heredada de mis abuelos. Decían que me haría bien. Según la ciencia, el caldo de pollo es rico en ornitina y argitina, dos aminoácidos esenciales que estimulan la producción de la hormona del crecimiento, la cual se libera al cabo de tres horas de estar durmiendo. Esta hormona, además de facilitar la regeneración celular, ayuda a transformar las grasas en músculos y estimula el sistema inmunológico, algo excelente para curar mi resfriado. Hoy se sustituye por medicamentos de acción rápida y no se nos ocurre darle a nuestros hijos un caldo de pollo, ni sabríamos dónde encontrar un pollo sin refrigerar.

Albert Einstein opinaba: "Los problemas no pueden resolverse en el mismo nivel de pensamiento en el que surgieron". Para resolver un problema al que no le encontramos solución es necesario cambiar la realidad mediante el cambio de paradigma.

La mente estratégica del líder tiene esa virtud, misma que surge cuando logra romper con el paradigma desde el cual observa un problema y encontrar un sinnúmero de oportunidades, tal como lo hizo Pizarro con el imperio de los incas o Bill Gates con Windows.

Un último ejemplo de cambio de percepción y de los paradigmas que quiero compartir aquí es el caso de la cadena norteamericana de comida rápida Sbarro, que hoy se encuentra en todos los centros comerciales de Estados Unidos. Cuando el señor Sbarro emigró de Italia a Nueva York a principios del siglo XX, abrió un pequeño restaurante de comida italiana. Con los años éste creció y edificó un gran restaurante que era atendido por su esposa y algunos de sus hijos. A uno de éstos, graduado en finanzas, se le ocurrió que podría multiplicar el negocio de sus padres en cientos de restaurantes. Al comentarle al señor Sbarro su idea, se imaginará usted la reacción. La respuesta fue: "¿Cómo puedes pensar en controlar otros restaurantes si apenas podemos con uno?".

Su hijo estaba en otro paradigma. A nadie se le había ocurrido vender franquicias de comida italiana; eso pertenecía al mundo de las hamburguesas. Él decidió producir la comida en un solo lugar, entregando la materia prima desde un centro de producción. Así construyó lo que hoy es una cadena de más de cuatrocientos restaurantes en todo el país. El paradigma, la forma de ver el negocio del señor Sbarro era correcta y tenía razón al rechazar la ambición de su hijo. Cuando uno observa la misma realidad bajo otros ojos, las soluciones cambian, las opciones son distintas y la realidad se transforma. Por ello los líderes la transforman al ver los problemas como a través de un prisma y no del conocimiento limitado por nuestra historia, el cual nos induce a observar la solución desde un solo marco de referencia.

Si usted educa su mente a reflexionar cuestionando el paradigma, viendo el problema a través de ese prisma con múltiples ángulos, ella podrá utilizar ese don de la creatividad que sale a la luz cuando uno se libera de las ataduras del pasado.

Lo invito a que comience esta educación con la realización de pequeños cambios importantes en su vida, que sean diferentes y no una extensión del pasado; así, poco a poco podrá encontrar los grandes cambios. Al efectuar muchos cambios terminará por romper el paradigma, ya que sus ideas se acercarán a los bordes, al límite del viejo modelo de pensamiento, y lo forzarán a modificarlo. El proceso es lógico y la inercia de la evolución le permitirá encontrar caminos nunca antes imaginados para usted en su vida personal y profesional.

De acuerdo con Albert Einstein: "La imaginación es más importante que la ciencia, dado que la ciencia está limitada por el conocimiento proporcionado por los descubrimientos y la imaginación de la mente no tiene límites".

Recuerde que el problema de encontrar nuevas ideas no es la falta de éstas, sino la influencia de las viejas ideas que son las que obstruyen la producción inagotable de nuevas soluciones alternativas.

El crecimiento de la humanidad ha sido producto del rompimiento de los paradigmas, verdades incuestionables que por curiosidad o necesidad transformaron al mundo.

En Europa muchos soldados heridos se salvaron cuando descubrieron en sus viajes a China que los chinos se lavaban las manos antes de atender a los heridos, un paradigma nunca cuestionado.

Lo mismo habrá sucedido con el hombre primitivo cuando se enfrentaba a los elefantes; cansado de ver tantos muertos, seguro se dijo: "Quiero un arma con la cual pueda matar a este animal desde una distancia más segura". Después su viuda diría lo mismo: "Lo que mi anterior esposo necesitaba era otro tipo de arma. Debo asegurarme de que mi próximo marido esté mejor equipado o tendré que buscar otro". Hasta que alguien dibujó en la caverna un arco y una flecha.

Algo similar seguramente sucedió cuando el ser humano, cansado de picarse los pies, descubrió el zapato.

Los japoneses han llevado a cabo muchos análisis acerca de la forma de pensar de los occidentales. Una de sus tantas conclusiones se refiere a los paradigmas en la solución de problemas. Según ellos, una de las grandes diferencias es que los occidentales sólo resuelven las cosas que están mal y los orientales mejoran las que están bien. De esta forma siempre las hacen mejor que nadie. Los occidentales son reactivos y avanzan con mayor lentitud porque sólo resuelven los asuntos cuando ya se deterioraron o dejaron de funcionar. Nos decimos: "¿Para qué modificar lo que funciona habiendo tantas cosas que no funcionan?". Los japoneses, con su paradigma de mejorar lo que está bien, siempre evolucionan. Esto permitió que los asiáticos se alejaran del resto del mundo por muchos años, dada su calidad y eficiencia.

Si usted desea ser un líder y avanzar con rapidez y eficacia, asegúrese de cambiar sus paradigmas, pero si prefiere hacerlo poco a poco, construya con base en sus viejas creencias y paradigmas. No olvide que lo que lo hizo llegar a donde está usted hoy no le permitirá alcanzar lo que quiera mañana. Deberá modificar su modelo de pensar de manera consistente. La experiencia comienza a ser el impedimento para su crecimiento en un mundo en el que la información viaja en megabites, no en meses, días y años como nuestros paradigmas.

La velocidad de los cambios no le permite construir con la historia sino con la imaginación. Eduque su mente para que deje de ver la vida a través del espejo retrovisor y vea con los ojos del futuro. Su vida es hoy producto de las decisiones que ha tomado guiado por sus paradigmas viejos y si desea cambiarla y cambiar sus resultados necesitará realizar una reingeniería en su mente. Cuestione lo que dice que sabe y crecerá enormidades. Esto es lo que esperarán sus colaboradores, no sólo mejorar lo mismo de siempre. Sus competidores cuestionarán sus paradigmas día con día, al intentar mejorar las estrategias que usted maneja. En otras palabras, si usted no cambia sus paradigmas, sus competidores se ocuparán de ellos y modificarán su destino volviendo obsoleta su estrategia; dejarán que continúe disfrutando la creatividad de sus paradigmas obsoletos y no de los nuevos que a diario son transformados en alguna parte del mundo.

Reitero, podrá cambiar los paradigmas cuando logre observar las cosas en cuarta dimensión:

- Dimensión 1: desde una percepción de corto plazo (descripción actual)

- Dimensión 2: desde una percepción de largo plazo (descripción futura)

- Dimensión 3: desde una percepción micro (descripción secuencial, paso por paso)

- Dimensión 4: desde una percepción macro (descripción holística)

Estas cuatro percepciones surgen de observar las cosas bajo la lupa de dos dimensiones: tiempo y visión.

La combinación de las cuatro percepciones anteriores permite crear nuevos paradigmas. Incorporar este método en su mente es un lento proceso de aprendizaje y su aplicación requiere un ejercicio mental exhaustivo para poder combinar todas las dimensiones de sus decisiones y soluciones a los problemas. Al educar su mente los nuevos paradigmas pueden surgir sólo de una visión mental instantánea: tal vez en un restaurante tomando un café, en su baño matutino o al conducir su automóvil, en el momento preciso en el que su mente vea la fotografía completa. Mientras escribo este libro con seguridad cientos de personas están construyendo nuevos paradigmas de cómo escribir y publicar un libro, por lo que espero apresurarme y lograr antes su edición. De otra forma publicaré letra muerta.

Quisiera finalizar citando un fragmento del poema escrito por Robert Frost: "Al tomar un nuevo sendero encontraremos que aquello que más tememos es, en el fondo, nuestra mayor fortaleza".

Historia del Premio Nobel

Hay una historia detrás de la creación de los premios Nobel, el máximo galardón que se confiere a representantes de las artes y las ciencias, la cual demuestra el impacto de un cambio profundo de paradigma. El químico sueco Alfred Nobel amasó una fortuna con sus inventos de poderosos explosivos y la venta de la fórmula a distintos gobiernos para la fabricación de armamento. Un día falleció su hermano y por error un periódico publicó el obituario de Alfred y no el del difunto. En el artículo de aquel periódico se le identificaba como el inventor de la dinamita, el hombre que se hizo rico y permitió que los ejércitos alcanzaran un potencial mayor de destrucción. Con este artículo equivocado, Nobel tuvo la oportunidad única de leer su propio obituario estando vivo y de saber por qué cosas sería recordado el día que muriera. Fue tal su consternación al comprobar que pasaría a la historia como un mercader de la muerte y la devastación que esta información cambió radicalmente su vida. Tomó su fortuna y la usó para crear la fundación que habría de premiar los mayores logros en diversos campos útiles para la humanidad y es por eso, no por los explosivos, que se le recuerda hoy día. En su época de éxito, Nobel trabajaba contra la vida pero, por fortuna, comprendió cuán negativa era su obra, cambió el paradigma con el que había construido su riqueza y en los últimos años de su existencia le imprimió otro rumbo, actuando en beneficio de la humanidad y no de su destrucción.

Lo invito a que eduque su mente en nuevos paradigmas que le permitan resolver los obstáculos del entorno y construir su capacidad como líder.

☞ *Conclusiones*

- La existencia del líder se justifica sólo por su capacidad para resolver los problemas que se le presenten a su grupo.

- Resulta paradójico pero, en el caso del líder, los problemas son el mejor recurso para su éxito.

- Los líderes estrategas sólo piensan racionalmente en el proceso de solución de un problema.

- La ausencia de liderazgo se fundamenta en la mentalidad del presente, ignorando la perspectiva futura y el compromiso del riesgo de decidir en esa dimensión.

- La sociedad ha perdido su dirección. Vivimos sólo para nosotros mismos y de placeres transitorios; esto nos ha debilitado y hecho perder la fortaleza mental que se requiere para asumir los grandes compromisos del liderazgo.

- Si usted no puede manejar su vida aún no está preparado para manejar la de los demás.

- La mentalidad tridimensional permite ver los problemas en todas sus partes y encontrar oportunidades en los obstáculos.

- La mente de los estrategas es capaz de dividir el problema en sus partes y luego construir una nueva alternativa con soluciones particulares en cada elemento.

- Los cambios que se producen en la raíz de los paradigmas permitirán alcanzar soluciones de grandes dimensiones.

- Los líderes comprenden que el secreto no es perfeccionar los que se hace sino cambiar lo que se hace.

- La virtud de los líderes es que comprenden que deben alejarse y consultar otras voces, dado que los cambios de paradigma por lo regular provienen de personas ajenas a la tarea en cuestión.

- El crecimiento acelerado de las compañías en los últimos años se ha debido a un cambio profundo de los paradigmas en los negocios; una nueva forma de ver el mismo negocio revoluciona los resultados.

- La evolución de los grandes líderes proviene de su hábito de cuestionar modelos de pensamiento que la mayoría de las personas nunca cuestiona.

- Para entender un problema los líderes saben que deben observarlo en su conjunto y no en una sola de sus partes.

- El nivel de pensamiento que se requiere para identificar un problema no es el mismo que requerimos para resolverlo. Son niveles de complejidad muy diferentes y los líderes saben cómo abordarlos.

- Aquello que usted más teme es en lo que tiene mayor fortaleza.

⏱ *Reflexiones*

Analice lo siguiente:

1. ¿Es usted un líder con visión estratégica de su función o está centrado en el corto plazo?

2. ¿Trabaja con serenidad en situaciones de alto nivel de riesgo en lo que respecta a sus decisiones o se altera en el aspecto emocional?

3. En su mayoría, ¿los ejecutivos de su empresa son líderes u ocupan el puesto de líderes?

4. ¿Tiene usted frialdad para tomar decisiones estratégicas complejas?

5. ¿Asume el compromiso de los errores o cuando ocurre alguno organiza una reunión para identificar cuál de los miembros de su equipo lo cometió?

6. ¿Cuenta con la destreza necesaria para visualizar la oportunidad frente a problemas complejos?

7. En su desempeño como líder, ¿cambia usted con frecuencia los paradigmas o es bueno para mejorar lo que hace?

8. En situaciones de incertidumbre, ¿acostumbra tomar decisiones de riesgo o conservadoras?

9. ¿Busca que su gente coopere en la solución de los problemas o las decisiones son verticales y directivas?

10. ¿Ha logrado cambios radicales en su forma de actuar como líder, que se hayan observado en resultados extraordinariamente exitosos?

✔ *Autoevaluación capítulo 6*
La mente estratégica del líder

Evalúe su actuación como líder, tal cual es en la actualidad, y no como debería ser, calificando de la siguiente manera:

1 = Casi nunca   2 = A veces   3 = Con frecuencia   4 = Casi siempre

1. ¿Es usted un líder a quien se le facilita
    pensar a largo plazo? .... **1 - 2 - 3 - 4**

2. ¿Posee usted las habilidades para construir
    decisiones estratégicas complejas? .... **1 - 2 - 3 - 4**

3. ¿Se caracteriza por tomar decisiones
    certeras y de éxito en forma consistente? .... **1 - 2 - 3 - 4**

4. ¿Considera que su mente piensa
    estratégicamente tal como lo presentamos
    en el capítulo? .... **1 - 2 - 3 - 4**

5. ¿Tiene la flexibilidad y creatividad para cambiar
    los paradigmas y construir grandes resultados? .... **1 - 2 - 3 - 4**

6. ¿Tiende a actuar con mucha seguridad en sí
    mismo cuando toma decisiones de alto riesgo? .... **1 - 2 - 3 - 4**

7. ¿Se caracteriza por anticiparse a los problemas
    y emprender acciones correctivas antes
    de que sucedan las cosas? .... **1 - 2 - 3 - 4**

8. ¿Puede aceptar ideas opuestas de sus
   colaboradores sin sentirse amenazado
   frente al grupo? .... **1 - 2 - 3 - 4**

9. ¿Se caracteriza por leer las tendencias
   antes de que ocurran los acontecimientos? .... **1 - 2 - 3 - 4**

10. ¿Le es fácil leer los problemas de su grupo
    sin que se lo expresen directamente? .... **1 - 2 - 3 - 4**

Sume los números que marcó y analice sus resultados:
SUMA TOTAL:

25 a 30 puntos = sus hábitos son excelentes.
19 a 24 puntos = necesita trabajar en el desarrollo de sus hábitos.
10 a 18 puntos = debe hacer un cambio significativo en sus hábitos
                 como líder.

Si lo desea puede realizar su
autoevaluación en línea a través
de nuestra página de internet:
www.borghino.com.mx

Plan de acción para el próximo lunes

1. Desarrolle actitudes que cultiven el pensamiento práctico y
   concreto.

2. Analice qué aprendió de las conductas de Alejandro Magno,
   Aníbal, el almirante Nelson y Pizarro. Incorpórelas en su vida.

3. Ejercite la mente estratégica en el más mínimo detalle de su vida.

4. Construya su mente tridimensional.

5. Identifique los paradigmas que limitan su desempeño como líder.

6. Prepare con su familia una lista de los paradigmas que deben cambiar.

Pregúntese acerca de lo aprendido en este capítulo

❑ ¿Que puedo aplicar en mi vida **profesional** y cómo?

❑ ¿Qué puedo aplicar en mi vida **personal** y cómo?

❑ ¿Qué **cambios** debo realizar en el corto plazo?

7. El éxito del líder es la ejecución

*No se necesitan grandes personas para obtener resultados, pero sólo
a través de los resultados es como uno se convierte
en una gran persona.*

Arnold Glasgow

Qué puede esperar de este capítulo

En este capítulo usted:

1. *Conocerá por qué los líderes de éxito saben qué delegar y
   qué no.*

2. *Aprenderá que una de las virtudes más sobresalientes de los
   líderes de éxito es su capacidad de análisis instantaneo bifocal
   de los problemas.*

3. *Identificará los pasos que la mente de los líderes ejecutores
   realiza al poner en marcha una solución.*

4. *Conocerá cómo la valentía y la capacidad de asumir riesgos
   sin límites son cruciales para su carrera como ejecutivo.*

5. *Descubrirá por qué los líderes de éxito tienen un sentido de
   urgencia como modelo de vida, no sólo en los negocios.*

151

6. Sabrá por qué la perfección en la puesta en práctica es un modelo de ejecución con altos niveles de certidumbre en los líderes.

7. Conocerá por qué el sistema de información es la clave del éxito del líder.

8. Identificará la manera como los líderes saben resolver los grandes problemas de la empresa y conocen los principios de sus etapas.

Los líderes dominan lo esencial de su oficio

En casi treinta años de experiencia como asesor de líderes he observado que éstos no sólo son los artífices de la estrategia para construir equipos de trabajo y comprometerlos hacia un objetivo, sino que también saben analizar sus empresas y leer las tendencias del entorno. Asimismo, su secreto es su capacidad para atender los detalles importantes; no delegan sólo por ser líderes sino que pueden distinguir entre lo que se delega y lo que no se delega.

Recuerdo la anécdota del director de Sony, el señor Morita, cuando lanzó en los setenta el primer radio *walkman* al mercado. El lanzamiento incluía elegir un mercado muestra en Estados Unidos y observar el comportamiento del producto. El trabajo con la muestra, realizado en la zona sur del país, se inició en el estado de Texas. Cuenta su biografía que la supervisión del comportamiento del producto estuvo estrictamente controlada por el propio Morita. Podría decirse que no era necesario, ya que disponía de suficientes mercadólogos, estrategas y expertos en comercialización para realizar dicha supervisión, pero no fue así. El proyecto era tan importante que no podía dejarse en manos de otros, aun cuando podía haber sido vigilado por sus colaboradores.

Es importante recordar la esencia de toda decisión de los líderes inteligentes. Ellos saben qué deben controlar para garantizar el éxito. Esta capacidad de distinguir qué se delega y qué no se delega es una sensibilidad que los líderes excelsos comprenden.

> *Los milagros son la fe puesta en acción, pero la perseverancia*
> *sin duda pone a prueba su fe.*
>
> Anthony de Mello

Los líderes con mentalidad administrativa actúan en forma tan ejecutiva que dejan de ensuciarse las manos y sólo dan importancia a las relaciones del golf y las reuniones sociales.

El éxito de un líder es producto de una visión clara de cuál es la estructura de la empresa.

En la misma manera como observamos los detalles de una radiografía, así los líderes comprenden cuáles son los órganos vitales de la organización y eso no lo delegan; además, aunque lo hicieran, siempre tienen la información diaria o semanal del comportamiento de los signos vitales.

Los líderes comprenden que para alcanzar el éxito hay que saber lo que es esencial, discernir entre la paja, lo aparente, lo bullicioso de los problemas y la raíz de los mismos, distinguir dónde se localiza el ochenta/veinte, es decir, el meollo de la solución de los problemas.

Saben cuándo las decisiones que toman son temporales, mientras consiguen los recursos para la solución radical o cuándo sus decisiones servirán para eliminar el problema.

Esta capacidad de discernir no es mágica, pues no todos tienen siempre la solución correcta, pero son muy buenos para tomar muchas decisiones, equivocarse y resolver de inmediato o corregir con la misma velocidad. Dicha virtud característica de los líderes se construye con la rapidez de respuesta y capacidad de reacción a las decisiones incorrectas y a los problemas recurrentes.

De tal modo aprenden a distinguir cuándo sólo resanan la pared con humedad o cuándo acaban con ella desde el mismo techo.

Por consiguiente, a todo tipo de líder le ayuda sobremanera conocer el negocio que dirigen.

Mentalidad bifocal de los líderes

Hace algunos años vi por primera vez en una película algo que hoy todos, sobre todo los jóvenes, observamos a menudo y no nos parece muy sorprendente. En ella se lograba, a través de imágenes vía satélite, ver el mundo, luego un país, después una ciudad, una zona específica, una casa, las personas en su interior, y detalles de muebles y adornos de un tamaño de cinco centímetros. Esta capacidad de la tecnología de visualizar las cosas en forma global y reducirlas hasta el límite de los detalles me sorprendió en aquellos años, pero hoy se incluye en todas las películas de espionaje de Hollywood.

La mayoría de las personas parece preferir morir que pensar.
Muchas lo logran.

BERTRAND RUSSELL

La mentalidad que yo llamo bifocal es una de las virtudes más destacadas de los grandes líderes y se sustenta en el mismo principio tecnológico de un satélite. El éxito de las decisiones de los líderes se basa en poder distinguir las semillas de los árboles y, a la vez, visualizar el bosque en el que están inmersas esas diminutas semillas. Esta virtud de contar con una visión holística y una observación microscópica simultáneas es crucial para los líderes exitosos. Permite dimensionar los problemas, así como distinguir su ubicación, las posibles soluciones a considerar y su impacto en el todo. Casi todos los líderes efectivos poseen esa mentalidad visionaria que les permite ver el futuro y sus oportunidades, leer las tendencias, sentir el negocio y ver las oportunidades, incluso sin más referencia que su propia intuición, que en silencio le susurra al oído: "Ahí es donde está la oportunidad, ¡arriésgate!". Pero al mismo tiempo pueden regresar a analizar los detalles financieros. Los líderes dirigen su empresa por los números que ven; éstos les hablan, los orientan, les muestran evidencias y les permiten tomar decisiones estratégicas de alto impacto. En suma, la capacidad de visualizar el mapa total y de diseñar también un plan detallado del potencial económico de la oportunidad es la magia en que los líderes sustentan su éxito.

Esta virtud bifocal permite educar la mente en el ejercicio del pensamiento sistémico. Pensar en forma sistémica —diría Peter Senge en su libro *La quinta disciplina*— incrementa la capacidad de aprendizaje de las organizaciones. El pensamiento sistémico nos hace comprender que todo tiene que ver con todo y que todo cambio supone una implicación en otros factores. Es decir, todo problema y toda decisión se basan en un principio ecológico: que todo en la vida es interdependiente. Desde la supervivencia de una pequeña e indefensa plantita que depende de los factores climáticos, el oxígeno, el sol, la humedad, los nutrientes de la tierra, etcétera, hasta la solución del problema de Israel y Palestina, por ejemplo.

Comprender el pensamiento sistémico es una herramienta poderosa para tomar decisiones inteligentes y no emocionales o tendenciosas.

Por tal razón, la visión holística y microscópica al mismo tiempo es la materia prima para comprender la correlación de los problemas y las implicaciones de las soluciones.

Cuanto más rápido eduque usted su mente en este proceso de enfoque de sus ideas y la amplíe y la reduzca tantas veces como sea necesario, la velocidad de sus decisiones aumentará en forma significativa. Educar su mente en estos procesos es clave para tomar decisiones inmediatas y, a la vez, observar sus implicaciones.

Saber distinguir este balance es todo para construir en su mente la estructura para la toma de decisiones de alta complejidad.

En mi experiencia como consultor he comprobado que, por desgracia, a los líderes carismáticos y creativos les aburren los números y los detalles. De igual modo, he observado que muchos otros con orientación administrativa y ordenados sólo toman decisiones cuando todo está bajo control y, por tanto, éstas serán muy lentas y siempre buscarán el consenso y la aprobación de todos antes de arriesgarse.

Para ellos la seguridad al tomar una decisión es más importante que la rapidez.

Poder ver la fotografía total y sus detalles es una destreza que lleva tiempo aprender, pero, tal como mencioné en páginas anteriores, contar con un número dos con un estilo complementario será el recurso alternativo para compensar sus debilidades.

Quien no arriesga nada, arriesga aún más en la vida.

ERIKA JOHN

155

Los líderes son valientes

Todas estas formas de pensar no podrían realizarse sin un factor determinante en el carácter de un líder exitoso: la valentía, la capacidad de asumir riesgos. El líder se juega el todo por el todo.

Tiempo atrás me encontré con un buen amigo a quien no veía en varios años. Me contó que había decidido independizarse y fundar un negocio de venta de productos farmacéuticos, el cual, después de ocho años de operación, había progresado significativamente. Me invitó a visitar su laboratorio. Impresionado por su tamaño, le pregunté: "¿Cómo lograste construir una empresa de este tamaño?". Sonriente, me respondió: "Todo esto que ves lo debo, es de los bancos. Debo seis veces mi capital. No me queda más alternativa que sacar adelante este negocio o tendré que pedir trabajo en tu empresa".

Esta anécdota me recuerda la historia de Hernán Cortés cuando decidió quemar sus naves para crear una sola condición: salir adelante o morir.

Lo asombroso es que los líderes de este tamaño pueden dormir plácidamente con semejante reto. Si bien son humanos y el temor puede mantenerlos despiertos bajo ciertas circunstancias, su fe en sí mismos es su mejor almohada. Al día siguiente se levantan, resuelven y las mieles del éxito justifican el riesgo que corren.

Los líderes desarrollan el temple, educan sus emociones y controlan la fuerza de la incertidumbre de sus inversiones y decisiones. Comprenden que cada una de éstas puede tener ochenta o noventa por ciento de probabilidad de fracaso, pero el solo hecho de contar con una gran oportunidad de éxito vale la pena.

No olvidemos que el riesgo controlado permitió al hombre ir a la luna. Entonces, ¿por qué no pueden hacerlo los líderes? Ellos saben que si pierden aplicarán su capacidad, su servomecanismo de respuesta inmediata al entorno, para así disminuir y compensar lo sucedido. Luego se recuperarán y lo intentarán de nuevo. Muchos ejecutivos me han confiado que en la soledad sienten temor por la magnitud de sus decisiones, pero saben que deben tomarlas, que las naves están quemadas.

Es probable que los líderes sientan tanto miedo como cualquier persona en algunas situaciones, pero su virtud es que éste los mueve a la acción, a diferencia de otros, a quienes paraliza. Su valentía para tomar la decisión correcta en el momento correcto marca la diferencia entre ellos y los demás. Los valientes siempre han roto las fronteras de lo conocido y con ello logran el crecimiento y la expansión personales. La valentía no es falta de miedo, sino avanzar a pesar de éste. Recuerde que los miedos están ahí para que usted los explore. Superarlos le permitirá conocer su potencial y aumentará su autoestima y seguridad personal. La historia ha demostrado que los grandes líderes y genios construyen sus obras en los momentos más difíciles o en las depresiones más profundas.

Los líderes conocen la relación directa entre incertidumbre y oportunidad. Líderes como Henry Ford, que tuvo la valentía de construir automóviles para el pueblo y triunfó; como David Sarnoff, que en 1939 se atrevió a lanzar la televisión en Estados Unidos y triunfó; como Ted Turner, dueño de la CNN, que en 1977 lanzó el primer canal de noticias en el mundo y triunfó; como el muy conocido Bill Gates, que se arriesgó a competir en el mundo del software poniendo así diamantes dentro de las computadoras y no competir como todos lo hacían en el hardware y triunfó.

Todos estos valientes empresarios terminaron por amasar fortunas que otros, aun albergando las mismas ideas, no consiguieron porque nunca se atrevieron a ponerlas en práctica dado que se trataba de un campo todavía no recorrido por nadie.

El líder sabe que, cuanto más alto apunte, mayor será el riesgo, pero la incertidumbre no lo inhibe, mantiene la mente fría; eso es todo. Se crece ante la adversidad, demuestra la valentía intrínseca de las mentes movidas por una ilusión. La creatividad de los líderes recién mencionados construyó en ellos una visión tan poderosa, que no descansaron hasta no ver la obra terminada. La fría mente de jugador de póquer de la mayoría de ellos es una ventaja suya.

La incertidumbre de las emociones y el pánico emocional nublan la capacidad para tomar decisiones racionales e inteligentes ya que la emoción disminuye nuestra capacidad intelectual. Dicho en palabras de Daniel Goleman, autor del libro *Inteligencia emocional*: "Las emociones mal canalizadas disminuyen nuestro coeficiente de inteligencia". Cuando las emociones se salen de curso el impulso irracional puede estimular la toma de decisiones absurdas; y después, al analizarlas con frialdad, no podemos explicar la inmadurez de nuestra conducta.

Dado lo anterior, le sugiero desarrollar la mentalidad bifocal de abrir y cerrar el ángulo de sus percepciones y oportunidades. Si alguno de estos atributos no lo caracterizan, asegúrese de contar con su colaborador número dos, pero, tal como analizamos en capítulos anteriores, cuide que posea ese atributo complementario. La complementariedad es un arma poderosa del líder inteligente que conoce sus fortalezas y debilidades y actúa al respecto. Observe su nivel de estrés y ansiedad, así como sus temores relacionados con la toma de decisiones; éstos también pueden compensarse y autorregularse si construye un equipo de colaboradores con estilos complementarios. Aprenda a manejar sus emociones para que trabajen en su beneficio y no en su contra.

Sentido de urgencia del líder

Otra faceta de los líderes exitosos a quienes he observado es su obsesión por que las cosas se cumplan lo antes posible. Su sentido de urgencia nace de que se fijan metas con fechas límite y no permiten que la posposición sea su enemigo. La flexibilidad en los compromisos destruye el elemento sorpresa de cualquier estrategia. Siempre he creído que la sociedad subdesarrollada se caracteriza por la flexibilidad en la aplicación de sus leyes y la desarrollada por la aplicación implacable de las leyes rectoras, lo cual crea una disciplina urbana que aumenta la productividad de sus habitantes.

No hay congestionamiento en la vida para aquellos que se esfuerzan una milla extra.

HENRY BACHJ BEECHER

Es importante considerar que el atributo innato del líder es su pensamiento estratégico: vive, piensa, se alimenta de las estrategias que construye su mente. Un líder resulta muy peligroso los días lunes ya que el fin de semana caviló acerca de nuevas estrategias adicionales a las que ya opera y se ha propuesto llevarlas a cabo. No hay felicidad mayor para un líder que cumplir con las metas en las fechas predeterminadas —incluso antes— porque eso es parte de su orgullo personal. Transmitir esta adrenalina y obsesión por las fechas límite y la urgencia de los proyectos estratégicos es el rasgo más importante que puede desarrollar en su proyecto como líder. Por ello Henry Beecher aseguraba: "Las victorias fáciles no trascienden. Las que en realidad valen son aquellas que son resultado del trabajo duro".

Una de las características que he observado en los altos ejecutivos es su obsesión por el seguimiento estrecho de los programas, el cumplimiento de los presupuestos, el control de los gastos y perseguir las utilidades, ello es su máquina de producción. Quienes han aprendido estas conductas son los europeos, que durante años se orientaron a producir en forma conservadora aunque con calidad. El caso más evidente fue la construcción del Concord, el avión más rápido del mundo que hoy es parte de los museos europeos, algo bien hecho pero con poco sentido mercadológico. Con el tiempo, aprendieron la lección y veinte años después se están recuperando con el Airbus.

Los resultados son lo único que cuenta

Para un líder exitoso no cuenta cuántos tiros a gol hicimos en el partido, sino cuántos goles metimos y ganar, aunque sea uno a cero. Otros dirían: "Me conformo con un cero a cero, con tal de que en el próximo partido gane". Pero no, lo que importa es ganar, que el marcador esté de nuestro lado. De eso se trata el liderazgo, de tener una mente de ejecutor, de productor de resultados. Los hechos son lo que cuentan. Las explicaciones, la fundamentación intelectual para dar cuenta de por qué no se puede, no forman parte de la mente del líder exitoso; más bien, aquéllas definen al buen administrador que cuenta con la información ordenada de los eventos que han obstaculizado el logro de los resultados. Pero la razón esencial de recurrir a un líder es que hay problemas por resolver; de no ser así, con sólo un administrador bastaría. Si no se obtienen los resultados, el líder no escatima esfuerzo, se arremanga la camisa, baja a la planta y lo resuelve personalmente. No le importa reunirse con los vendedores para entender el problema. Dedica el tiempo necesario a sentarse con todos sus clientes y comprenderlos. No le teme al trabajo en la línea porque el resultado es lo único que cuenta. Tal como decía el ya mencionado Vince Lombardi: "El resultado no lo es todo, es lo único".

Aquel que sabe "cómo" siempre tendrá trabajo. Aquel que siempre sepa "por qué no" siempre tendrá un jefe.

RALPH WALDO EMERSON

En efecto, al líder se le recuerda por los hechos consumados. Pelé será recordado porque fue el jugador que más goles anotó en noventa minutos en su época y por tal razón es "El Rey". No hay duda de que dos de los líderes de mayor trascendencia en la historia del siglo XX son Mijail Gorbachov, quien será recordado como el hombre que cambió el rumbo del mundo, con la caída del Muro de Berlín, y Sir Winston Churchill, por la invasión de Normandía. Podemos concluir que la historia del hombre es la suma de sus actos, no de sus intenciones.

Ejecutar, ejecutar y ejecutar

La fortaleza de los líderes se observa cuando persisten en la consecución de resultados. Los hechos se reconocen como una demostración de compromiso, heroicidad, convicción, inteligencia y tesón. Los resultados constituyen una demostración tangible del cumplimiento de las promesas que los líderes realizan en sus campañas políticas, en su visión estratégica empresarial, en su plan regional de ventas, en los compromisos contraídos con sus metas. En suma, no hay mejor sonrisa que la que despierta el logro de los objetivos. "Al final, de eso se trata y ésa es la razón por la que estamos aquí", comenta la mayoría de los ejecutivos, "lo demás lo platico en el club con los amigos."

Ya lo mencionaba Peter Drucker: "Los ejecutivos deben pasar de estar muy ocupados a lograr mejores resultados. El secreto para ser un buen ejecutor es saber lo que no hay que hacer".

Todo el mundo recuerda a Napoleón por sus incansables conquistas en Europa. Es tal el reconocimiento que le rinden los franceses que

160

su tumba en París se encuentra ubicada de tal forma que usted debe inclinarse para verla; todos, absolutamente todos, debemos realizar esa reverencia a un ejecutor de resultados como él.

¿Quién no recuerda también a Lee Iacocca, que logró sacar adelante a Chrysler? ¿O a Jack Welch, quien a los cuarenta y cinco años de edad asumió la presidencia de General Electric y en casi veinte años logró transformar a una organización productora muy conservadora en una organización financiera y de servicio con éxitos inimaginables, que pasó de producir planchas a producir turbinas para aviones? Un hombre de hechos, de resultados y de acciones. Quizá nunca se caracterizó por su simpatía, pero sí por su justicia y su inflexibilidad. Se le apodó "El Neutrón Jack" debido a sus decisiones tan duras de construir una organización de doscientos setenta y seis mil empleados en todo el mundo y con ingresos de más de noventa mil millones de dólares.

Un líder que desarrolló alrededor de sí a cinco grandes vicepresidentes, todos con enorme talento e inteligencia, que posteriormente fueron contratados por varias empresas en el mundo por haber pertenecido a la escuela de Jack Welch.

Este hombre será recordado como el superhéroe de la administración, junto con muchos otros líderes empresariales, los Reyes Midas de los negocios, que lo que tocan lo transforman en oro.

La mente ejecutora de estos líderes comprende que la única razón por la que los contratan es para producir resultados, hacer crecer la organización y generar mayores planes de expansión.

El escritor español Marcelo Ibarra decía en uno de sus libros acerca de esta capacidad de ejecución: "La fortaleza más grande del ser humano es la capacidad de educarse a sí mismo en hacer lo que debe hacer, cuando lo debe hacer, aunque no le guste".

La gente pregunta siempre cuál es la diferencia entre jefe y líder. El líder trabaja a campo abierto y el jefe en la trinchera. El líder dice dónde y el jefe maneja el automóvil.

THEODORE ROOSEVELT

Esta capacidad ejecutora no se circunscribe al mundo empresarial o político sino también al plano personal. Lo que cuenta son los resultados que obtenemos como pareja. Nuestros hijos también tienen expectativas de sus padres que debemos ejecutar si deseamos cumplir con nuestro rol como tales. Los resultados justifican nuestra unión en familia, en pareja y en la sociedad. Incluso la confianza que los demás tienen en nosotros emana de que históricamente hemos demostrado nuestra capacidad de cumplir con los compromisos contraídos.

Por tanto, la fuente de la confianza es el cumplimiento de los resultados ofrecidos como ejecutivos, como padres y como pareja. Esta capacidad ejecutora obedece a un modelo de pensamiento que responde de modo automático en términos prácticos y tangibles, esto es, en hechos.

La mente ejecutora de los líderes de éxito se basa en dos habilidades que los caracterizan: la capacidad analítica y la capacidad imaginativa.

La *capacidad analítica* le permite al líder comprender que los resultados son producto de ideas bien implantadas, procesos de trabajo bien acoplados con las estrategias y objetivos operativos minuciosamente controlados, hasta la línea.

Gracias a esta habilidad puede comprender la importancia de vigilar con constancia los costos operativos y de cumplir con las políticas, los procedimientos y las normas. En otras palabras, su mente racional, práctica y analítica le permite observar la radiografía de la organización y evaluar su estructura ósea y muscular.

Su *capacidad imaginativa* le aporta talento para observar instintivamente la radiografía del recurso humano y del entorno empresarial; para visualizar las oportunidades, analizar tendencias y anticiparse al futuro; para tener olfato para los negocios y los peligros que se avecinan; para, echando mano de la magia, leer el entorno de modo magistral, ayudado por cuanto periódico y revista financiera consiga; para usar su sensibilidad con miras a construir su equipo directivo.

Entonces, en su capacidad de ejecución se conjugan la disciplina casi militar para el cumplimiento de sus objetivos y la capacidad intuitiva para leer las tendencias del entorno. Eso lo transforma en un gran artífice, fanático de los sistemas internos de comunicación con los cuales tener al día la información financiera, los resultados y el clima interno. Un gran ejecutor es un buen conocedor de la trascendencia de la información inmediata de lo que sucede. Para él, sistemas es el área cardinal que debe distribuir información por doquier en tiempo real.

Dado que el nivel de adrenalina del líder ejecutor es alto, su capacidad para asumir riesgos es enorme y demuestra su valentía en su frialdad y ecuanimidad para tomar decisiones históricas. La postergación no tiene cabida para él; aun si su decisión no es popular, la toma sin titubeos. Su mente se centra en el resultado y lo demás son recursos que tiene a su disposición para conformar sus resultados. Con la maquinaria detrás de este tipo de líder se mantienen bien aceitados los engranajes de la estrategia; los procesos para que ésta se cumpla; los sistemas para medir la ejecución de las metas en todas las áreas; el sistema de información de alta velocidad que brinda retroalimentación en tiempo real de los resultados, y la operación de recursos humanos, con un funcionamiento positivo debido a buenos sistemas de reclutamiento, compensación y desarrollo de competencias de sus líderes y operadores, orientados a cumplir con los objetivos estratégicos. Es decir, como sostiene Jim Collins en su libro *Empresas que sobresalen*, "tener en el autobús a la gente adecuada para luego conducirla hacia la estrategia". Es decir, antes de desarrollar una visión conjunta, asegúrese de que cuenta con la gente idónea para el proyecto estratégico y después comunique la estrategia y no a la inversa.

> *Quienes progresan en esta vida buscan lo que quieren y si no lo encuentran, lo construyen.*
>
> George Bernard Shaw

La mentalidad ejecutora puede construirse comprendiendo que el riesgo es su amigo y enemigo inseparable, dado que los resultados crean la imagen del tipo de líder que uno es. Tal como el famoso psicólogo y filósofo William James opinó: "El gran descubrimiento de mi época es que el ser humano puede cambiar sus circunstancias si cambia las actitudes que tiene en su mente". Por ello el cambio de su percepción como líder y la incorporación de las actitudes que inducen a la implementación, ejecución y cumplimiento de los objetivos son la clave de su éxito como líder.

Analice sus conductas: ¿es usted un líder idealista? ¿O se siente inseguro al tomar decisiones muy rápidas con poca información? ¿O delega actividades financieras o la ejecución de planes de marketing? ¿O no le interesan los detalles? ¿O pospone decisiones clave?

Le aconsejo formar un equipo de trabajo con estilos complementarios que soporten sus debilidades; de no ser así, espero entonces que el producto de su empresa se venda con facilidad en el mercado; de otra forma, enfrentará

163

muchas dificultades para sobrevivir en un mundo competitivo saturado de productos similares o iguales al suyo que buscan seducir a sus clientes más leales. Si, por el contrario, sus características son las de un gladiador romano con espíritu vikingo, que descarga su adrenalina contra las personas y eleva la voz, golpea mesas de juntas o se irrita con facilidad, deberá leer una y otra vez varios de los capítulos anteriores porque ese modelo es la antítesis de la integración de un grupo. Deberá conformarse con contar sólo con los "consentidos" e "incondicionales" que se benefician del modelo emocional, impulsivo y autoritario que usted detona cuando surgen los problemas.

Y es que la mente ejecutora es el medio, el motor impulsor para producir los grandes resultados que usted espera obtener en su vida personal y profesional. Lo demás son meras ilusiones de aquellos con mentalidad seguidora y buscadora de excusas emocionales en las injusticias del entorno y/o de la sociedad, que abandonan el propósito sin realizar un segundo esfuerzo para cumplir sus propósitos de vida.

El gran escritor Albert Schweitzer afirmaba: "La tragedia del hombre no es morir, sino morir estando vivo". En efecto, algunos mueren a los treinta años de edad, aunque los entierren a los ochenta. Mueren porque dejan de intentar, de creer en sí mismos y en sus capacidades y talentos, de producir resultados tangibles que les permitan alcanzar los objetivos más meritorios de su vida.

Por tal razón los líderes ejecutores viven con mayor plenitud ya que se sienten más satisfechos consigo mismos, su autoimagen se refuerza con constancia, no sólo por haber cumplido con los objetivos sino también por haber intentado una y otra vez en lo que respecta a lo que aún no han podido hacer realidad.

Según mi experiencia, a casi todas las personas les es muy difícil pasar de la conciencia a la acción, de lo que los psicólogos llaman el *insight*, la iluminación interna, a los hechos. Saben qué deben hacer, pero no actúan. Para el ser humano normal, saber no implica nada más que eso. Yo diría que el hábito de la acción no se ha inculcado en la mayoría de la gente y, por tanto, no actuamos de acuerdo con lo que sabemos de forma intuitiva. Esto explica por qué muchos quieren ser líderes y no pueden, muchos quieren triunfar en la vida y no saben cómo erradicar la actitud de posposición. Tal como expresó Charles Darwin (que sólo los más aptos podrán sobrevivir al cambio), en el desarrollo de las conductas del liderazgo existe una selección natural de aquellos que no transforman el pensamiento en acción o en resultados. Casi todos nosotros somos más producto de la costumbre que de la sabiduría personal, de nuestros hábitos que de nuestra inteligencia. Eliminar las conductas aprendidas que obstaculizan nuestra capacidad de actuar, de racionalizar los eventos y transformarlos en éxitos tangibles es una responsabilidad que sólo a usted le corresponde si en verdad pretende ser un líder. Deberá luchar contra nuestros instintos naturales de huir del riesgo —el cual es uno de los enemigos más poderosos que impiden que las personas se transformen en líderes ejecutores de resultados— y buscar la estabilidad.

Su calidad como líder será, en última instancia, la capacidad que usted tenga para tomar decisiones, en el momento indicado y con el arrojo que ello implica.

¿Cómo resuelven los líderes sus problemas organizacionales?

Ya mencionamos que los líderes exitosos se caracterizan por tener una mente orientada a resultados y capaz de discernir los problemas, no se confunden con el ruido de los problemas. Descubren la esencia de las cosas. Otro factor es su estructura para resolver los problemas complejos de sus organizaciones y de las personas, caracterizados por la incapacidad para lograr las metas esperadas o perder su nivel de competitividad. El diagnóstico tradicional con respecto a este tipo de problemas es que los miembros del personal no trabajan en coordinación o no saben comunicarse o no están comprometidos o no son los adecuados.

Los líderes exitosos que he conocido comienzan por resolver primero la parte dura, estructural, del problema, para luego trabajar en el recurso humano. Saben qué deben atender antes. Comprenden que de nada sirve contar con gente inteligente en procesos o estrategias mal diseñados. Estos líderes de éxito trabajan consistentemente en definir la arquitectura del negocio primero y luego atender los problemas humanos. Comprenden que deben crear condiciones congruentes y bien definidas en sus procesos, estructura y sistemas para que el recurso humano opere en coordinación dentro de ellos.

Entienden cuál es la diferencia entre el hardware y el software, les queda claro por dónde comenzar. Le sugiero que en sus próximas decisiones analice la influencia de la estructura y los procesos, así como del recurso humano. Que el ruido de los problemas no lo confunda.

165

☞ *Conclusiones*

- El éxito de un líder es su capacidad natural para descubrir los órganos vitales de las empresas que sufren problemas y atenderlos como su prioridad.

- Los líderes desarrollan la capacidad bifocal de análisis de problemas que les permite dimensionarlos.

- El sentido de urgencia de los líderes nace de su compromiso con las metas y de no permitir que la posposición se convierta en su enemigo.

- La característica intrínseca de los líderes es el pensamiento estratégico; viven, piensan y se alimentan de las estrategias para ejecutar.

- La razón de la existencia de un líder es la necesidad de resolver problemas complejos; de no ser así, bastaría un administrador.

- Los líderes son recordados por los hechos. Los resultados son la demostración tangible de su promesa. No hay mejor satisfacción para un líder que la brindada por el resultado.

- El alto nivel de adrenalina de los líderes ejecutores los induce a asumir riesgos y evitar la postergación.

- Los líderes saben que no pueden estar lejos o delegar la información financiera, la ejecución de los planes de marketing y la tarea de escuchar la voz del cliente, ya que la velocidad de reacción para ajustar la estrategia de ejecución es crucial para ellos.

- Los grandes líderes no se confunden con el ruido de los problemas ni se angustian por ello, saben cómo identificar la esencia de las cosas y comienzan a actuar como máquinas de soluciones.

- El liderazgo significa la habilidad de identificar las etapas de la solución de los grandes problemas de una organización. El líder sabe dónde comenzar y dónde finalizar.

> • Su calidad como líder será, en última instancia, su capacidad para tomar decisiones en el momento indicado con el arrojo que ello implica.

⏱ *Reflexiones*

Analice lo siguiente:

1. ¿Es usted de los líderes que se enteran de los problemas cuando ya surgieron?

2. ¿Sabe usted distinguir con facilidad lo real de lo aparente en los problemas?

3. ¿Aplica un sistema de ejecución que le permita disminuir su nivel de error en esta etapa?

4. ¿Es usted de los líderes que define la dirección y deja la implantación a sus ejecutivos?

5. A casi todos aquellos que tienen el puesto de líder se les dificulta pasar del pensamiento a la acción y delegan esta última. ¿Es usted un líder al que no le gusta arremangarse la camisa y bajar a la operación?

6. ¿Tiene usted un sistema que disminuya el nivel de error en la ejecución y le permita proteger el éxito de sus decisiones?

7. ¿Puede distinguir entre las partes duras de un problema relacionadas con los procesos y el software de los problemas relacionado con las situaciones y la gente, sabe distinguir el tipo necesario de decisiones?

8. ¿Sabe cómo distinguir qué se delega y qué jamás debe delegarse?

9. ¿Es fácil para usted aplicar el sistema de bifocalidad a un problema para poder ver los detalles de éste y la visión global al mismo tiempo en forma consistente?

10. ¿Es usted un líder disciplinado, cumple con rigurosidad las fechas límite y el seguimiento ordenado de los proyectos y decisiones?

✔ *Autoevaluación capítulo 7*
El éxito líder es la ejecución

Evalúe su actuación como líder, tal cual es en la actualidad,
y no como debería ser, calificando de la siguiente manera:

1 = Casi nunca   2 = A veces   3 = Con frecuencia   4 = Casi siempre

1. ¿Aplica usted un sistema para garantizar
la ejecución de sus decisiones? .... **1 - 2 - 3 - 4**

2. ¿Tiene usted una alta disciplina
en el cumplimiento de las fechas límite? .... **1 - 2 - 3 - 4**

3. ¿Es usted un líder que consistentemente va
a la línea? .... **1 - 2 - 3 - 4**

4. ¿Tiene la habilidad de identificar el detalle
minucioso de un problema y la visión global
del mismo en muy corto tiempo? .... **1 - 2 - 3 - 4**

5. ¿Conoce la secuencia de análisis de los
grandes problemas y cuáles son sus etapas? .... **1 - 2 - 3 - 4**

6. ¿Puede distinguir entre lo que debe delegar
y lo que jamás delegaría de una decisión
compleja? .... **1 - 2 - 3 - 4**

7. ¿Es usted un desarrollador de gente ejecutora? ..... **1 - 2 - 3 - 4**

8. ¿Realiza juntas para análisis de los casos
de éxito ejecutados con su grupo? .... **1 - 2 - 3 - 4**

168

9. ¿El sentido de urgencia es una prioridad
    en su estilo como líder? .... **1 - 2 - 3 - 4**

10. ¿Es usted un líder disciplinado con sentido
    perfeccionista acerca de su ejecución? .... **1 - 2 - 3 - 4**

Sume los números que marcó y analice sus resultados:
SUMA TOTAL:

25 a 30 puntos = su perfil ejecutor es excelente.
19 a 24 puntos = necesita trabajar en su desarrollo como ejecutor.
10 a 18 puntos = debe realizar un cambio significativo en su modelo
                 de líder ejecutor.

Si lo desea puede realizar su
autoevaluación en línea a través
de nuestra página de internet:
www.borghino.com.mx

Plan de acción para el próximo lunes

1. Acostúmbrese a conocer lo esencial de su trabajo, cuál es el
    ochenta/veinte que impacta en sus resultados.

2. Practique la mentalidad bifocal.

3. Asuma riesgos cada día más grandes, eduque el músculo de
    la valentía.

4. Haga un plan para construir una cultura de urgencia en su
    equipo.

5. Reafirme en su gente actitudes que fortalezcan la mentalidad orientada a resultados.

6. Sea un líder ejecutor, con alta disciplina en su pensamiento analítico y creativo.

7. Aplique los principios para la identificación de la solución de problemas organizacionales.

Pregúntese acerca de lo aprendido en este capítulo

❐ ¿Que puedo aplicar en mi vida **profesional** y cómo?

❐ ¿Qué puedo aplicar en mi vida **personal** y cómo?

❐ ¿Qué **cambios** debo realizar en el corto plazo?

8. SI DESEA SER UN LÍDER DEBE SABER CÓMO INFLUIR EN LA GENTE

El líder que ve claro ilumina a los demás.

JOHN HEIDER

Qué puede esperar de este capítulo

En este capítulo usted:

1. *Conocerá la descripción del fin del viejo modelo gerencial de las organizaciones.*

2. *Sabrá cómo la fragmentación ha sido un modelo de funcionamiento de los grupos en las empresas.*

3. *Analizará el modelo autocrático de mando para cambiar las conductas de los colaboradores.*

4. *Descubrirá cómo la influencia de la comunicación y la tecnología está forzando el cambio del estilo de liderazgo.*

5. *Sabrá cuál deberá ser el modelo para modificar el comportamiento de los colaboradores.*

6. *Descubrirá cómo influyen los paradigmas en las conductas y los resultados de los equipos de trabajo.*

171

Dirigiendo a una nueva generación inteligente

Movilizar a las personas es cada día más difícil. Ya no responden de inmediato a la primera orden. No se subordinan con actitud pasiva a cualquier idea, sino que se rebelan ante aquellas que desaprueban. Ya no le tienen miedo al poder. No se intimidan tan fácilmente al ver a los ejecutivos de alto nivel. Ya no los apabullan los grandes generales con medallas y estrellas ganadas en las batallas de la vida. Por consiguiente, el modelo tradicional centralista y controlador del jefe autoritario e inflexible cede cada día más terreno al modelo firme y participativo de ideas y decisiones tomadas en conjunto, que escucha más y más las ideas de sus colaboradores.

En innumerables ocasiones he comprobado que el secreto de los grandes líderes de todos los tiempos ha sido rodearse de gente inteligente, capaz de asumir riesgos y enfrentarse a retos que empleados tradicionales jamás se atreverían a asumir por temor a cometer errores y perder su empleo. Los jóvenes de hoy no temen quedarse sin empleo por opinar, ya que su seguridad emana de la solidez de su educación y formación académica. Ya no esperan recibir el reloj de oro por treinta años de servicio. Tampoco les importa permanecer demasiados años en un mismo puesto, lo cual, por tradición, significaba seguridad, ya que nadie podía hacerlo mejor que la persona en cuestión.

Ahora los jóvenes consideran que invertir mucho tiempo en un mismo puesto significa estancamiento; anhelan la movilidad y el aprendizaje de multihabilidades que les permitan conocer las áreas clave de la empresa y así escalar hacia el poder.

Durante años las personas buscaban emplearse para encontrar seguridad, se preocupaban por los beneficios adicionales que se les brindaban, por la estabilidad de la empresa o por cuánto les pagarían por concepto de jubilación al retirarse de la empresa. Se buscaba un puesto en las grandes organizaciones para encontrar estabilidad y futuro. Todo esto aconteció en la época posterior a la Revolución Industrial. En la actual era de la información un empleo es lo más inseguro y la estabilidad la ofrece el nivel académico e intelectual de las personas. La seguridad emana de uno mismo y no del empleo, se acabó la época en que provenía de la empresa. Antes el poder lo otorgaban los años en el puesto, el sindicato y el escalafón al que se tenía derecho por antigüedad aunque no se supiera nada. Fue un modelo que premiaba la perseverancia, el amiguismo y las relaciones y no el conocimiento y el desarrollo.

En el siglo XXI los ejecutivos no pueden manejar sólo el estado de resultados. Deben construir su futuro o alguien lo hará por ellos.

JACK WELCH

Hoy la justicia del conocimiento ha ganado terreno. La evolución de la tecnología como la herramienta para realizar el trabajo exige que la gente no sólo use el músculo sino también la capacidad neuronal. En su libro *Hablando claro*, el ya mencionado Jack Welch hace referencia a la importancia para el éxito de las empresas de disponer del mejor personal para lograr los resultados, al señalar que se entrevistó personalmente con más de seiscientos ejecutivos de su empresa. Seleccionar talentos es un secreto importante de todo gran líder. No se rodee de empleados mediocres, conformistas o sumisos con camuflaje de leales y dinámicos incondicionales. Busque colaboradores eficientes, productivos y valientes, ambiciosos, con carácter y agallas para tomar decisiones, págueles un salario decente y hará crecer su organización.

Si, por el contrario, su objetivo es mantenerse en el poder, ser el "centro del espectáculo" y recibir reconocimientos de tipo personal, entonces contrate seguidores disfrazados de empleados leales que le cubran las espaldas. No los necesita para decidir, sino para cumplir mandatos. Solía contratarse a colaboradores con un nivel inferior a sus jefes de tal forma que no se detonaran sus instintos de crecimiento ni se despertaran sus ansias de poder. Dicho en otras palabras, para que "no le movieran el piso". La superioridad de estos jefes provenía de contratar a enanos mentales y no a lo mejor del mercado. Este modelo creó un vacío entre los jefes y sus colaboradores que no permitía encontrar dentro de la empresa sustitutos para remplazar o ascender a muchos de ellos. En consecuencia, en los últimos años he visto que muchas em-

173

presas han tenido que buscar fuera candidatos con mejor perfil. Sin embargo, muchos ejecutivos pretenden atribuir esto a la falta de interés por parte de los empleados por crecer y desarrollarse, cuando en realidad la mayoría de éstos no cuenta con las condiciones ni el perfil indicado para tomar el carril del ascenso. Tales acciones no han producido más que rencor y desmotivación por parte de los que continúan en la empresa y las juzgan como una injusticia y falta de reconocimiento a sus años de dedicación y entrega. Concluyen que se les trata sin sensibilidad ni honestidad.

Hasta los años ochenta pocas empresas producían una escasa variedad de productos para satisfacer las necesidades de los mercados. Dada la fuerza que les proporcionaba ser las únicas con la tecnología requerida para fabricar los productos, no se les demandaba sino tener mucha mano de obra y jefes comprometidos con ellas para posicionarlos. En aquellos años se contrataba a hordas de trabajadores para cumplir con los objetivos. Era la época donde "más significaba más": si se quería más ventas, se contrataba a más vendedores; si se quería más producción se construían más fábricas; si se decidía brindar un mejor servicio al cliente, se abrían más sucursales.

Se trataba de la era de las empresas masificadas con enormes márgenes de utilidad de productos únicos, que no se veían afectados por los sueldos y que soportaban el modelo masificado dados los pocos competidores en el mundo.

En esos grandes tiempos pocos eran como Dunlop, pocos como la aspirina Bayer, pocos como Colgate Palmolive. Nadie producía mejor que Ford, nadie volaba más que Pan Am, nadie fabricaba jeans como Levi's. Con este modelo dichas empresas privilegiadas ingresaron a la década de los noventa saturadas de gente, gordas, lentas y burocráticas.

Pero todo cambió y hoy el secreto de las empresas efectivas es que las personas inteligentes sean las responsables de producir los bienes, con pocos jefes, pocos tramos de control y cero burocracia; organizaciones planas y horizontales, delgadas y esbeltas con sistemas altamente tecnificados. Em-

174

pleado que no agregue valor será sustituido por una computadora de mil dólares que no comete errores, no padece problemas gástricos ni falta porque se le enfermó su abuelita.

> *Contrate personal joven y dinámico, que no cuide el estatus quo*
> *y manténgalo bien informado.*
>
> WARREN BENNIS

Cuando uno intenta dominar a las personas más preparadas, éstas se rebelan. El verdadero líder es el que logra conquistar la mente y el corazón de la gente talentosa, vendiendo ideas, objetivos, metas y una visión.

Algo que resulta paradójico del líder es que logra grandes resultados al desestabilizar el orden y no mantener el estatus quo, recurriendo a su visión. Debe impulsar a sus colaboradores a abandonar los caminos viejos ya trillados y construir nuevos destinos. Debe saber crear un desorden con orden, con el propósito de encontrar nuevas formas. Su función no es controlar y mandar sino orientar, animar y desarrollar. En un mundo como el de hoy, con tanta incertidumbre, la gente busca una dirección, alguien que le ayude a darle sentido a su vida, necesita fijarse un objetivo común y ambientes propicios donde compartir la razón de su vida. Muchas empresas manejan simples deseos que no inspiran. La función de un líder es desarrollar una visión fuerte y un compromiso para la acción. No descansa en lo que se refiere a comunicar dicha visión, pues sabe que el paradigma debe quedar registrado en la mente de su equipo para fortalecer el compromiso. Por tradición, los jefes sólo comunican por escrito o en una junta multitudinaria anual con gran desplante hollywoodense, convencidos de que eso es comunicar y comprometer. Se trata de un gravísimo error que los ejecutivos luego pagan al contar en sus filas con colaboradores comprometidos con su paga y no con la organización. Muchos jefes comunican muy poco su misión, visión y estrategia; argumentan que ya lo hicieron y creen que el ser humano es tan maleable como para responder al primer intento. La mayoría ni la entendió ya que no formó parte de su construcción. Es necesario que el personal desee pertenecer a la empresa; de otra forma comunicará letra muerta.

Otra condición para influir en los colaboradores es que la visión se observe en los comportamientos de los ejecutivos. Si ellos viajan en primera clase o llegan a trabajar con su flamante Mercedes y en la empresa se llora de dolor por los gastos en lápices, la gente no responderá ante tal inconsistencia.

El líder debe ser el energizador que estimule la creatividad de sus colaboradores. Debe educarlos en los procesos y en la cultura que desea cultivar. Está obligado a formar nuevos líderes, a quienes habrá que contaminar de una cultura sinérgica. Reitero, la lealtad ciega ha muerto. Antes la obediencia pasiva se confundía con ella. La lealtad y el control eran dos factores fundamentales para guiar. Hoy los empleados ya no son leales con facilidad; son más exigentes, independientes y capaces. Se sienten seguros de decir y hacer las cosas como creen que es correcto. Esta nueva corriente funciona con eficiencia siempre y cuando todos dispongan de la misma información y claridad en las prioridades y los objetivos que se persiguen.

Lo mismo sucede con nuestros hijos cuando les decimos que se vistan porque vamos a casa de su abuelita, cuando siempre les ordenamos qué ponerse. Al regresar de su recámara, vemos que se vistieron como quisieron: por lo general el pantalón será el más agujereado, los tenis y la camisa más viejos. No es posible hacer responsables a los demás si no cuentan con información previa sobre los criterios para su toma de decisiones. Por tanto, la visión, la misión y los valores se convierten en el instrumento rector. Como comentamos en capítulos anteriores, si usted como líder no ha cultivado esta virtud en su interior es difícil que pueda enseñarla a sus colaboradores.

Cómo influir en los demás

Una habilidad fundamental y prioritaria para que forje su liderazgo es que comprenda el comportamiento humano: cómo actuamos frente a la autoridad, cuándo somos leales a decisiones tomadas por un líder. Los líderes saben qué decisión tomar, pero es de trascendental importancia que su equipo esté dispuesto a apoyarla y llevarla a cabo. De hecho, los modelos tradicionales de mando que hemos observado durante años llegan a sus últimos días de vida, dado el cambio radical de las organizaciones, el entorno y la educación de los trabajadores. Si el líder desea influir en las conductas de las personas no tiene más opción que moldearse a la nueva realidad.

Los líderes de la vieja escuela

La administración de fines del siglo pasado se caracterizó por su rigidez, basada en el modelo de clases, con autoridad formal y centros de poder.

Por el contrario, las organizaciones del nuevo siglo se caracterizarán por ser muy ágiles, con empleados con buen nivel educativo capaces de asimilar las tendencias del facultamiento y aplicar la tecnología necesaria para integrar la información y tomar decisiones más rápidas en la línea. No se necesita ser muy sagaz para advertir que las estructuras tradicionales que aún persisten en muchas compañías nunca han estimulado el trabajo en equipo, todo lo contrario; la fragmentación de las áreas fue siempre una regla del juego, aunada a un espíritu natural de rivalidad y competencia entre departamentos. Ahora no sólo deberán realizar una reingeniería en sus estructuras y procesos sino en el modelo de pensar de sus líderes.

Los líderes rudos también fueron exitosos

El modelo gerencial tradicional se forjó con base en el modelo instintivo que nos indica cómo deben cambiarse las conductas observables de una persona. Para los ejecutivos tradicionales el instrumento natural para guiar la conducta de las personas consistió en el control, la mano dura, la supervisión cercana. Siempre vieron con frustración que "el decir" no cambiaba las actitudes de sus colaboradores, quienes cometían el mismo error. Entonces comprendían que era necesario aplicar el poder para poner en orden su conducta. Este modelo cultivó más y más el esquema centralista, autoritario.

Incluso la psicología de la mitad del siglo XX centró más su atención en los métodos conductistas para el cambio del comportamiento humano que en modificar el origen del mismo. Hoy se tiene más información de cómo actúa nuestra mente. Estamos más conscientes de nuestras capacidades. El mundo de la investigación, la comunicación global y la educación se ha encargado de ello. No obstante, por alguna razón en las organizaciones persiste el modelo tradicional de disciplina y mano dura, engendrado al aplicar técnicas para modificar las conductas observables de la gente. Lo hemos hecho durante años no sólo en las empresas sino también en el ámbito de la educación de nuestros hijos. Es indudable que este modelo funcionó y contribuyó a forjar las grandes corporaciones que hoy continúan operando en el mundo. Pero las cosas han cambiado y el entorno presiona cada día más al modelo tradicional gerencial basado en el poder y la autoridad. Las variables que más limitan su aplicación son:

- La tecnología está destruyendo el centralismo de la información, el cual se utilizó durante años como instrumento de poder.

- La reingeniería como método de rediseño organizacional disminuyó el control y redujo los centros de poder.

- Los jóvenes profesionales con maestrías que ingresan a las filas de las empresas no aceptan con facilidad el autoritarismo; desean ser escuchados.

- La velocidad de los cambios en el mercado presiona para que las decisiones sean tomadas por los que trabajan frente al cliente y frente a las máquinas. El poder está bajando a las líneas. Es más, si Carl Marx viviera no lo podría creer.

- Hay una necesidad creciente de obreros inteligentes para supervisar máquinas inteligentes y no pastorear seres humanos.

- Los márgenes de utilidad se han reducido; se requiere hacer más con menos y contar con estructuras planas y menos burocráticas.

- Las empresas se dirigen con un enfoque financiero para sobrevivir en un mundo ultracompetido.

En general, la presión es tal que el viejo modelo autoritario de los líderes está en extinción aunque muchos se resistan a ello y algunas compañías aún lo soporten. Pero la cuenta regresiva ya comenzó y su extinción es inminente.

La solución del problema del liderazgo tradicional

Para comprender cabalmente cómo actúa el modelo de liderazgo que todavía rige en muchas organizaciones, es necesario considerar tres factores:

1. *Los paradigmas*. Por definición se trata de creencias que predisponen las conductas de las personas y justifican su forma de actuar. Sustentan la razón de sus acciones, determinan el mapa mental con el que actúan ante el entorno y las decisiones tomadas por los líderes.

2. *Las conductas*. Son lo que hago día con día, con base en mi forma de pensar, en mis paradigmas.

3. *Los resultados*. Son el fruto, el efecto positivo o negativo de mis acciones; los que me dicen si el paradigma y las conductas fueron los correctos.

Toda relación interpersonal, ya sea como jefe, pareja o padre, que tenga éxito con seguridad se debe a que dos factores funcionaron de manera correcta:

1. Los **paradigmas** que ambas partes tenían acerca de los objetivos a lograr eran similares.

2. Sus **conductas** respondieron a los objetivos.

Es decir, la dinámica de una buena relación proviene de la forma en cómo se concibe ésta en la mente primero y, con base en ello, se actúa de una forma en la que ambos están de acuerdo. Estas premisas son las que en definitiva construyen o destruyen la relación, ya que si dos personas parten de pensamientos divergentes, sus expectativas de comportamiento serán diferentes y, por ende, los resultados serán también diferentes e incompatibles con los criterios de ambos. Y, como resultado, no se llegará a un acuerdo con respecto al producto de sus actitudes.

El líder tradicional concentró su capacidad de mando en forzar el comportamiento de los miembros del personal para que cumplieran con los resultados. Con este objetivo en mente aplicaba conductas ancestralmente instintivas del ser humano, como presión, inflexibilidad, uso del poder emanado de su puesto, imposición de sus ideas o autoritarismo.

En resumen, el modelo gerencial tradicional nació de la premisa: "Si cambio las conductas de mi gente cambiaré los resultados". La lógica era correcta, pero el error consistió en centrarse en las conductas para que éstas cambiaran.

Modelo gerencial tradicional

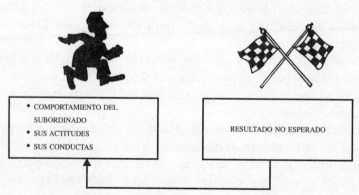

• COMPORTAMIENTO DEL
 SUBORDINADO
• SUS ACTITUDES
• SUS CONDUCTAS

RESULTADO NO ESPERADO

Bajo este paradigma la conclusión fue que el único instrumento para doblegar dichas conductas era actuar en forma directa y enérgica sobre ellas. Esto se muestra en la siguiente gráfica.

Lo que el modelo tradicional nunca consideró fueron las consecuencias que pretender erradicar sus conductas con energía o mediante controles y supervisión cercana causa en las actitudes y en la productividad. Se concentró en lograr cambiar una conducta incorrecta, sin importar cómo. Además, dado que los empleados de línea no tenían mayor educación, mucho menos información acerca de los objetivos estratégicos de la empresa, este modelo se endureció con los años.

Y demostró su eficiencia, aunque también tuvo impacto en la generación de rencor y falta de motivación e identificación con los objetivos de la empresa, algo no expresado por los subordinados (que sólo lo comentan en los pasillos pero no lo hacen de frente porque eso podría tomarse como un síntoma de insubordinación).

Para contrarrestar la frustración producto del modelo autoritario se aplicaban mecanismos de motivación temporal, como conferencias, convenciones o viajes de placer. No sugiero que hayan sido inapropiados y deban suspenderse; el problema es que los utilicen como el único instrumento de integración masiva de los líderes y que oculten la necesidad de realizar un cambio en la relación de nueve de la mañana a seis de la tarde —o cualquier otro horario laboral—, día con día, mes con mes. Más aún, puedo asegurar que algunos líderes autoritarios escépticos ni siquiera creen en estos eventos, los consideran superficiales y una pérdida de dinero.

Otro aspecto del que el modelo tradicional no tomó conciencia es que la imposición permanente e incondicional generaba resentimiento en los equipos de trabajo, ya que atentaba contra lo que la persona pensaba y creía correcto. Esto contribuyó a que muchos empleados decidieran actuar sólo cuando se los pidieran y así se destruyeron en forma gradual la creatividad y la iniciativa personal.

Entonces los ejecutivos, sin comprender por qué los empleados muestran tan poco interés por el empleo que les da de comer, debieron recurrir a los métodos motivacionales mencionados para reducir la frustración de las imposiciones diarias.

El modelo tradicional nunca consideró los paradigmas de las personas como la raíz del problema de ineficiencia en sus actividades y sus resultados. En consecuencia, siempre vieron que el recurso apropiado era el uso del poder directo sobre el comportamiento y las actitudes de la persona.

El modelo gerencial tradicional busca el cambio del comportamiento observable

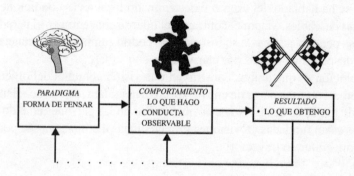

Pero eso no es todo. El modelo tampoco consideró el impacto adicional que se sufre cuando el colaborador, de manera inconsciente, tiene un punto de vista opuesto, un paradigma diferente del de su jefe. En realidad, una comprensión diferente produce resultados diferentes. Citaré algunos ejemplos para aclarar el concepto: si los resultados de un subordinado no cumplen con las expectativas planteadas por su jefe, el líder tradicional centrará su esfuerzo en corregir lo que hace y automáticamente decidirá implantar un control más estricto, una supervisión más cercana o una evaluación de desempeño drástica y determinante: "Si no hay cambios te doy tres meses". Nos hemos transformado en expertos para resolver los problemas de las conductas en el corto plazo; nuestras respuestas son automáticas: organizar una reunión para buscar o regañar a los culpables o imponer nuevas condiciones de modo que no osen actuar con irresponsabilidad. Es muy fácil querer cambiar las conductas reclamando al subordinado. Es muy fácil querer modificar las conductas de un hijo quitándole el automóvil o estableciendo nuevas reglas de disciplina inflexibles.

Comprender los paradigmas implica un proceso más lento y complejo que actuar sobre las conductas en forma directa, lo que rinde resultados inmediatos, pero de efectos transitorios y devastadores desde la perspectiva del compromiso, la lealtad y la productividad. Basta observar cómo intentamos corregir en un hijo, con levantar la voz o lanzar una mirada electrizante, conductas indebidas que no nos explicamos porque nunca lo educamos así. Las soluciones en corto son nuestras preferidas. Pero en el líder centrarse en las conductas propicia una constante frustración ya que éstas se repiten una y otra vez hasta con la misma persona, lo cual resulta incomprensible pues ya se ha hablado del asunto y determinado las nuevas condiciones y conductas deseables. Si, por el contrario, el líder se concentra en el paradigma de esa persona acerca de su instrucción, podría cambiar sus creencias e incluso despertar su interés por clarificarlas con su jefe.

La solución es que ambos construyan una visión conjunta del objetivo a obtener; así podrían partir de una perspectiva más clara, de una conciencia común de lo que se desea. No es posible influir en las personas cuando las actitudes están fundadas en visiones y en creencias distintas, ya sea por su educación, cultura o trayectoria.

| PARADIGMA FORMA DE PENSAR | → | COMPORTAMIENTO LO QUE HAGO | → | RESULTADO LO QUE OBTENGO |

Por ejemplo, si los resultados de mi hijo en la universidad no son los esperados, tomaré medidas urgentes, como reducir permisos y darle un sermón filosófico sobre la responsabilidad personal que debe tener un hijo de su edad. Ahora bien, si ambos construyéramos un paradigma diferente para tener una visión común de lo que entendemos en cuanto a la responsabilidad, el futuro, la educación y su impacto a largo plazo, las probabilidades de cambio serían más predecibles.

Sus conductas en este sentido cobrarían un carácter más permanente y no para complacerme de modo temporal como padre o para dejar de recibir los sermones, los cuales psicológicamente rechaza. Y es que su percepción de la vida y su visión del futuro son diferentes y, en consecuencia, sus conductas no concordarán con las expectativas paternas.

El modelo tradicional de liderazgo construye en los subordinados conductas dependientes, pero a su vez obliga al líder a actuar una y otra vez con respecto a conductas repetitivas que producen resultados erróneos por parte de sus colaboradores.

Estos errores se vuelven recurrentes pues, aunque la instrucción es clara, los paradigmas que erigen la visión de cómo ponerla en práctica son diferentes en el jefe y en sus subordinados. La lectura del subordinado o del hijo universitario es diferente dado que sus paradigmas son también diferentes. Pregúntese: ¿cuánto tiempo invierte en problemas repetitivos y recurrentes con las mismas personas y cuánto en problemas nuevos? La respuesta es contundente: la mayoría invierte más tiempo en los primeros. La razón es que los paradigmas, la forma de pensar, sus ideas, difieren y no son compatibles con la visión del jefe; no se trata de falta de responsabilidad y compromiso. Como es natural, este modelo esclaviza al jefe en un círculo interminable de control.

Nunca se nos enseñó la importancia de cuestionar los paradigmas y la manera como afectan la eficiencia en los resultados. Al líder tampoco se le enseñó que el origen de las conductas radica en las creencias de la persona y que éstas determinarán su forma de actuar. La incomprensión de tal proceso no sólo esclaviza al líder sino que frustra a los subordinados dado que el modelo de liderazgo parece no comprenderlos. Si un jefe desea un cambio sustancial en sus resultados deberá actuar con respecto al origen (paradigmas) y no sólo a los efectos (las conductas observables).

Estilos del líder

No hay duda de que el estilo autocrático tradicional de los líderes se origina también en modelos militares, en los que la rigidez, la disciplina y el compromiso con el objetivo se constituyeron en el patrón probado de eficiencia. Como ya vimos, nuestra educación nos predispone a tomar en cuenta las conductas observables y no sus causas.

Así confundimos la causa con el efecto, ya que el origen de las conductas que el líder quisiera cambiar reside en el paradigma, esto es, el órgano rector de las mismas. Por ello, la aplicación del poder ha sido el instrumento más certero para cambiar de inmediato el proceder de una persona y, por consiguiente, los resultados.

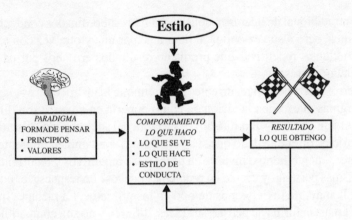

En conclusión, el verdadero poder de un líder no consiste en sólo controlar a la persona —ya sea un colaborador o un hijo—, sino en descubrir juntos una visión común y controlar con base en ella. De aquí surge la necesidad de que el líder reafirme, en forma recurrente y repetida, la visión y las metas a conseguir. Nunca está de más reiterar para clarificar y hacer que se comprendan los objetivos y su dimensión antes de su puesta en práctica. Siempre disponemos de tiempo para repetir los errores, pero nunca para profundizar en la intención y los paradigmas de las órdenes y proyectos que deben llevarse a cabo. En situaciones críticas es necesario imponer las decisiones inflexibles y tajantes. Si el Titanic se está hundiendo, nadie estará interesado en el paradigma de las personas, sino en tomar la decisión que la situación amerita; el objetivo es de corto plazo y debe tomarse una medida que seguramente no beneficiará a todos.

La naturaleza de la relación con nuestros subordinados es, por definición, de largo plazo; de ahí la necesidad de aplicar un modelo que considere su contribución a los objetivos, ya que su inteligencia y voluntad de actuar son imprescindibles en organizaciones modernas, planas y con pocos tramos de control. Esto es fundamental para el éxito del líder y su grupo.

Cómo transformar las conductas de sus colaboradores

El proceso es evidente y fácil de comprender dado que pertenece a un principio del comportamiento. Resulta paradójico, pero lo esencial siempre es imperceptible: al ser tan evidente se dificulta observarlo. Por eso el sentido común no es una práctica tan común.

Para construir relaciones exitosas debemos desarrollar los modales que son los lubricantes de las relaciones con su equipo.

KATHLYN HENDRICKS

Lo complejo es la aplicación. Comprender el punto de vista de nuestros colaboradores demanda voluntad. Lo sabemos ya: se nos educó más para responder con rapidez que para comprender, para ordenar que para escuchar. Parecería que la condición de un líder es siempre decir, aconsejar, mandar, imponer y escuchar poco las opiniones de los demás. El líder tradicional es muy bueno para tomar decisiones con base en su inteligencia, pero no la de sus colaboradores. Incluso, si ellos expresan sus puntos de vista, se disgusta, sobre todo si difieren de los suyos. Lo que se nos inculcó no nos permite observar una contribución en una opinión diferente, basada en paradigmas diferentes.

Modelo de liderazgo

PARADIGMAS	COMPORTAMIENTO	RESULTADO
• LO QUE CREO	• ACTITUDES	• LO QUE OBTENGO
• LO QUE PIENSO	• CONDUCTAS	
• LO QUE VEO	• LO QUE HAGO	

Modelo de liderazgo

Lo ilógico es que todos coincidimos en que si todos pensáramos igual no habría mejores ideas. La contribución surge de las diferencias, no de las similitudes. Por tanto, cuando damos una orden, los paradigmas deben ser comprendidos en el mismo nivel. La clave es tomar conciencia de que esto no ocurre con sólo explicar el objetivo con detenimiento. Necesitamos conocer el nivel de entendimiento y la interpretación que el paradigma de mis colaboradores hace de lo que yo digo. No olvide que la diversidad se torna en una fuerza cuando todos ven claro el mismo objetivo a lograr. Pero ése es su trabajo, no crea en la comprensión de "bote pronto", ya que los paradigmas sólo permiten ver lo que ellos interpretan de la realidad y, por consiguiente, usted debe concentrarse en verificar dichas interpretaciones y nivel de comprensión antes de poner manos a la obra.

Los líderes tienen fama de duros

Quisiera terminar este capítulo expresando que, así como soy un convencido del error que el líder ha cometido durante tantos años de confundir la causa con los efectos, de que el cambio de conductas de los colaboradores es un proceso que debe ser permanente y no temporal —como lo ha sido dado el modelo de controlar sólo las conductas de los colaboradores para lograr mejores resultados, sin considerar el paradigma que los construye—, también creo que los líderes deberán ser rudos con las metas.

El modelo tradicional que heredamos causó un hacinamiento de empleados y una burocracia de tramos de control para garantizar el cumplimiento de las metas. Pero también incrementó los costos que entrañaba cumplir con la calidad y la eficiencia de los productos.

A este modelo le llegó su fin cuando la reingeniería —término acuñado por Michael Hammer— quitó de los ojos de los administradores la venda del control y construyó la nueva ruta del crecimiento de las organizaciones mediante el rediseño del proceso y la consecuente reducción del personal.

Este cambio tan radical respecto de la miopía de la administración del siglo pasado requiere también un cambio de la forma de influir en los colaboradores, ya que deben producir cada día más con grupos más pequeños y con un alto nivel académico. Para ello no veo otra solución que modificar el modelo: de centrarnos en cambiar las conductas de las personas, pasar a cambiar sus paradigmas mediante una visión común y procesos comunes de aplicación.

Deseo hacer hincapié también en que los resultados de los líderes no se lograrán con un proceso humanista por definición sino con un cambio inminente dado el nuevo capital intelectual, como hoy llaman a los jóvenes bien preparados.

No creo que los líderes deban modificar su firmeza ante el cumplimiento de los objetivos, todo lo contrario. Los líderes —y también los subordinados— trabajan cada día más para lograr sus metas, los días se vuelven cortos para ello. Por tanto, creo que la firmeza y la actitud inflexible de los líderes con respecto a este logro se agudizarán de manera creciente. Las empresas "sudan" cada día más por alcanzar sus utilidades. Se ven obligadas a reducir sus costos y mejorar su eficiencia y, aunque algunas lo logran, la temporalidad de ese resultado es una amenaza constante.

El nuevo modelo constará de grupos con una visión conjunta, comprometidos y con un líder duro e implacable con los números y las metas, que actúe más y más cerca de la línea, de los resultados, y al mando de un equipo capaz de tomar decisiones inmediatas. Creo que el modelo rudo de Jack Welch perdurará mientras continúe la saturación desmedida de productos en el mundo y la globalización transforme a las empresas grandes en megaempresas que controlen los mercados globales. El futuro será para aquellos a quienes no les tiemble la mano al tomar decisiones de alto riesgo, pero con un grupo comprometido, unido y firme con las metas y los resultados. Una vez más, el futuro no será sólo para los rudos sino para los técnicos-rudos.

Los cuatro pasos para unificar paradigmas

Los siguientes cuatro pasos le servirán para unificar el paradigma de cualquier objetivo en la mente de sus colaboradores. Comunique qué, cómo, cuánto y cuándo:

Paso 1. Definir *qué* necesitamos lograr

Definir con claridad el objetivo que deseamos alcanzar y su importancia para la empresa o para su área. Definir con claridad el impacto del objetivo es fundamental para dimensionar el nivel de compromiso que requerimos.

Paso 2. Explicar *cómo* debe realizarse y su fecha límite

Explicar de qué manera queremos que el objetivo se alcance, definiendo cada paso y los plazos correspondientes, incluyendo el cambio de rutinas en las conductas y definiendo las expectativas con respecto a los resultados de las etapas y las conductas de los colaboradores.

Paso 3. Identificar **cuánto** necesitamos para lograr el objetivo

Identificar, de común acuerdo, con qué contamos para llevar a cabo el proyecto o la orden y qué recursos humanos, tecnológicos y financieros necesitamos para ello. De esta forma eliminará todas las barreras que en forma automática surgen en la mente de su personal cuando se propone un cambio o un nuevo objetivo. Al presentarse un proyecto las personas siempre se preguntan: "¿Cómo lo haremos?", refiriéndose a los recursos con que cuentan o no. Si no se resuelve este punto, al terminar la junta demostrarán su inconformidad e incertidumbre en charlas informales pero no directamente en la reunión si usted no lo propicia. En reuniones posteriores deberá verificar una y otra vez este paso, pues al comenzar a operar el proyecto surgirán obstáculos adicionales, que con seguridad no se consideraron en un inicio.

Paso 4. Definir **cuándo** daremos seguimiento a los avances

Establecer, de común acuerdo, en qué etapas o fechas se requerirá revisar los avances del objetivo por alcanzar y cada cuándo nos reuniremos para revisar cumplimientos. El seguimiento tendrá gran trascendencia en la revisión de los pasos 2 y 3 ya que se evaluarán las fechas de cumplimiento y los obstáculos y recursos necesarios para su cumplimiento. En esta etapa deberá estipularse con claridad cómo desea usted que se presenten los informes; de preferencia, diseñe un formato común y uniforme para todos.

☞ **Conclusiones**

- El modelo de liderazgo tradicional ya no produce los resultados que se esperan de los equipos de trabajo.

- El modelo rudo y directivo de mando tuvo su razón basada en el nivel educativo de la gente que realizaba las tareas.

- La saturación de productos, la tecnología y la globalización afectan los costos de operación, por lo que las organizaciones deben ser más productivas, rápidas y flexibles.

- La nueva generación de jóvenes que ingresan a las organizaciones no aceptan modelos centralistas y autoritarios de mando.

- La solución consiste en que los líderes comprendan cómo funciona el comportamiento humano para producir resultados.

- Los líderes deberán actuar de forma diferente si quieren obtener compromiso y cooperación de los jóvenes ejecutivos.

- Trabajar en los paradigmas de las personas permite obtener resultados superiores con los colaboradores.

- Establecer acuerdos claros acerca de la visión que se tiene de la tarea por realizar influye en las conductas de la gente y, por supuesto, en los resultados de la tarea.

- Querer cambiar los resultados controlando las conductas de los colaboradores es un modelo que produce resultados temporales en el desempeño.

- El cambio del modelo gerencial es inminente si la organización desea producir resultados superiores.

🕐 *Reflexiones*

Analice lo siguiente:

1. ¿Es usted un líder que considera que el control y la supervisión cercana de los números producen mejores resultados?

2. ¿Observa a menudo que los resultados son inconsistentes en su equipo de trabajo?

3. ¿Necesita estar cerca de su gente para producir los resultados que requiere de ellos?

4. ¿Observa que sus colaboradores son muy dependientes de sus decisiones?

5. ¿Sus subordinados cometen muchos errores cuando los faculta para realizar las tareas?

6. ¿Ha observado que cuando invierte más tiempo con ellos para clarificar las expectativas de las tareas los resultados mejoran?

7. Cuando usted reclama directamente por un mal desempeño ¿ha encontrado que le exponen muchas excusas y justificaciones?

8. Si investiga los paradigmas de sus colaboradores con respecto a cómo quiere usted que se hagan las cosas e invierte tiempo en ampliar la información clarificando el objetivo y sus pasos, ¿la conducta de sus colaboradores mejora su desempeño?

✔ *Autoevaluación capítulo 8*

Si desea ser un líder debe saber cómo influir en la gente

Evalúe su actuación como líder, tal cual es en la actualidad, y no como debería ser, calificando de la siguiente manera:

1 = Casi nunca   2 = A veces   3 = Con frecuencia   4 = Casi siempre

1. ¿El liderazgo en su grupo se guía más por compromisos que por control? .... **1 - 2 - 3 - 4**

2. ¿Su equipo está más orientado a servir al cliente que a la tarea? .... **1 - 2 - 3 - 4**

3. ¿Las decisiones en su grupo son más
   por consenso que impuestas? .... **1 - 2 - 3 - 4**

4. ¿Son un grupo que trabaja más en equipo
   que en forma individual? .... **1 - 2 - 3 - 4**

5. ¿Usa más el facultamiento que el control
   de su gente? .... **1 - 2 - 3 - 4**

6. ¿Su equipo funciona más por autocontrol
   que por castigo y recompensa? .... **1 - 2 - 3 - 4**

7. ¿Sus colaboradores buscan constantemente
   mejorar lo que hacen más que seguir
   las rutinas? .... **1 - 2 - 3 - 4**

8. En sus respuestas, ¿su grupo es más flexible
   y rápido que rígido e inflexible? .... **1 - 2 - 3 - 4**

9. ¿Todos en su equipo están muy comprometidos
   con la visión más que tener una visión sólo
   de algunos? .... **1 - 2 - 3 - 4**

10. ¿Todos contribuyen más con la solución
    de los problemas del grupo que preocuparse
    sólo por los individuales? .... **1 - 2 - 3 - 4**

Sume los números que marcó y analice sus resultados:
SUMA TOTAL:

25 a 30 puntos = su perfil ejecutor es excelente.
19 a 24 puntos = necesita trabajar en su desarrollo como ejecutor.
10 a 18 puntos = debe hacer un cambio significativo en su modelo de
líder ejecutor.

191

Evaluación
ON LINE
Liderazgo

Si lo desea puede realizar su autoevaluación en línea a través de nuestra página de internet: www.borghino.com.mx

Plan de acción para el próximo lunes

1. Identifique las expectativas de sus colaboradores; comprenda, no convenza.

2. Realice un inventario de las conductas del viejo liderazgo que usted aún conserva.

3. Aplique el proceso de paradigmas, conductas y resultados.

4. Diagnostique sus actitudes de control y su impacto en las conductas de su gente.

5. Aplique el sistema de cambio de paradigmas, para cambiar las conductas de sus colaboradores.

6. Consulte si es usted un líder rudo o carismático; analice beneficios y limitaciones.

7. Aplique los cuatro pasos para unificar los paradigmas y la visión de sus colaboradores.

Pregúntese acerca de lo aprendido en este capítulo

❐   ¿Que puedo aplicar en mi vida **profesional** y cómo?

❐   ¿Qué puedo aplicar en mi vida **personal** y cómo?

❐   ¿Qué **cambios** debo realizar en el corto plazo?

9. LA ADMINISTRACIÓN TRADICIONAL Y EL LIDERAZGO

Qué puede esperar de este capítulo

En este capítulo usted:

1. *Conocerá las características del perfil del líder con estilo tradicional de mando.*

2. *Conocerá cómo los sistemas diseñados para premiar la individualidad no fomentan el trabajo en equipo.*

3. *Identificará las conductas que buscan el control como sinónimo de poder.*

4. *Conocerá por qué el modelo centrado en decisiones impuestas obstaculiza la iniciativa.*

5. *Sabrá por qué, a pesar de que las empresas estimulan la creatividad, ésta no se observa en la práctica diaria.*

6. *Descubrirá que las conductas arrogantes e individualistas no fortalecen el liderazgo.*

7. *Identificará por qué la cultura del corto plazo no permite trabajar por una visión y misión compartidas.*

El origen de las conductas de liderazgo

Como hemos visto, la administración de fin de siglo se caracterizó por ser altamente tradicional, autoritaria, centralista y con feudos de poder. En cambio, las nuevas organizaciones progresistas son planas, con pocos niveles jerárquicos, orientadas al mercado y con velocidad de respuesta al cliente. No se necesita ser muy sagaz para advertir que las estructuras tradicionales de las empresas nunca estimularon el trabajo en equipo entre las áreas; por el contrario, su fragmentación fue siempre la regla del juego, junto con un espíritu de competencia y rivalidad. Las nuevas organizaciones no sólo deberán practicar una reingeniería en sus estructuras y en sus procesos, sino también en el modelo de dirigir de sus ejecutivos.

Modelo tradicional de dirección

El modelo tradicional se formó, como ya comentamos, al tomar decisiones sobre las conductas observables de la gente que dirigía. Durante años los ejecutivos consideraron que el instrumento natural para cambiar el comportamiento de sus subordinados era el control. Con frustración se percataron de que "decirle a la gente lo que está mal" no cambia las actitudes y requirieron un uso natural del poder para ajustar la conducta de sus colaboradores.

Este modelo de conducta basado en lo observable cultivó más y más el estilo centralista e incluso en algunos países el cacicazgo, los gobiernos militares y la estructura paternalista se calificaron como la única opción para dirigir al pueblo. A pesar de los cambios realizados por las organizaciones, persiste en ellas el modelo tradicional gerencial. Para comprender cómo surgieron las conductas gerenciales tradicionales, aquí analizaremos algunos paradigmas en los que se sustentó el modelo, con miras a comprender la dimensión del cambio que debemos hacer si en verdad queremos influir en las conductas de los colaboradores.

Características del modelo tradicional

- Se basa en las diferencias.
- Está centrado en el control.

- Las decisiones son impuestas.

- Se castigan los errores.

- Hay superioridad versus inferioridad.

- La información es privilegiada.

- Prevalece un culto al corto plazo.

**El modelo gerencial tradicional busca el cambio
del comportamiento observable**

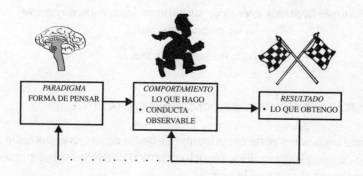

El modelo tradicional se basa en las diferencias

Antes de iniciar la lectura de esta sección, pregúntese lo siguiente: en las organizaciones tradicionales, si en un área se logran los resultados esperados, ¿a quién acostumbra premiarse? ¿Ya tiene la respuesta? ¡Seguro acertó! ¿Pensó que premian al jefe? Más de noventa por ciento de las respuestas que obtengo confirman que así es: las empresas premian a quien dirige al grupo, al responsable del área. El punto es que la recompensa de trabajar en conjunto hacia un objetivo recibe una recompensa individual. No es posible que las personas respondan con ánimo positivo si se les vende la idea de que hay que trabajar en equipo y comprometerse con un objetivo cuando en realidad el reconocimiento es individual. Esto es una utopía y una incongruencia. Podrán alinearse pero no se obtendrá ningún compromiso de su parte. Con este modelo individualista los colaboradores entienden que el objetivo del área no es común, sino responsabilidad del jefe porque es el único reconocido y recompensado; por tanto, se concentran en cumplir con su responsabilidad personal pero no se sienten responsables de hacer lo mismo con el objetivo del área: "¡Eso es del jefe! Yo cumplo con lo mío!". Lo paradójico es que los jefes luego se quejan: "¿Por qué la gente no se hace responsable de los objetivos?, ¿por qué es tan desidiosa? ¡No entiendo!". En realidad, el modelo tradicional no puede construir conductas de trabajo en conjunto dada la evidencia del reconocimiento individual. Por tal razón las empresas modernas combinan dicho reconocimiento individual y el reconocimiento en equipo en su estrategia. La solución no consiste en implantar más controles sino mejores sistemas de compensación variables.

> *Cuando la mente crece por una nueva idea, nunca regresa*
> *a su estado original.*
>
> Oliver Wendell Colmes Jr.

El modelo tradicional se centra en el control

El modelo tradicional parte del principio de que si no se ejerce dominio, los objetivos no se alcanzan. Este modelo centrado en el control termina por revertirse hacia el jefe que lo ejerce.

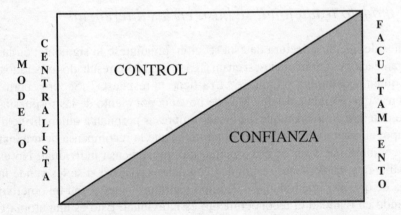

Por lo general el exceso de control emana de la falta de confianza de que la gente cumpla con sus compromisos. Los jefes han confirmado cientos de veces que si no lo ejercen sus subordinados no se comprometen. Es decir, el asunto se transforma en una profecía que se autocumple. Los colaboradores terminan por ser educados en el modelo. Necesitan el control para ver que el jefe le otorga importancia al objetivo y éste justifica su conducta controladora al ver que no se da seguimiento a las cosas. Ambas partes quedan convencidas de que el control es necesario.

De hecho, el exceso de control incrementa el estilo centralista y autoritario de mando. La complejidad surge cuando las empresas comienzan a promover la reducción de costos y la efectividad, y estimulan la reducción de personal. El modelo centralista no puede sobrevivir con menos personal dado que incentiva la burocracia y el control. En suma, está predestinado a provocar infartos o estrés en quien lo aplica ya que aquí la reducción de personal implica que el jefe debe hacerse cargo de todo. Cada día, en los negocios tenemos más responsabilidades y menos personal; aumentan las metas con menos gente. El jefe tradicional se pregunta: "¿Cómo vamos a lograr los resultados con menos empleados?". Hoy en cualquier organización es más probable que autoricen la compra de dos computadoras que la incorporación de dos nuevos colaboradores. Eso significa que la solución es facultar a colaboradores más inteligentes y sistematizar su área para sobrevivir en el mundo de "hacer más con menos". Los líderes educados en el viejo modelo aprendieron con la filosofía de "para hacer más necesito más": más gente, más recursos. Lo cierto es que si usted no quiere pertenecer al club de los antiácidos, del colon nervioso, del estrés o de la gastritis, mejor cambie su modelo tradicional y modernice su estilo de facultamiento.

Todos nacemos genios pero el proceso de vivir va disminuyendo esta condición.

BUCKMISTER FULLER

El modelo tradicional se basa en decisiones impuestas

En esta etapa pregúntese de nuevo: "¿Cómo se toman las decisiones en las empresas? ¿En forma cooperativa, buscando la solución que mejor resuelva los problemas del área? ¿O son verticales, unilaterales, impuestas?". Piense por un instante… ¿Ya tiene la respuesta?

Lo más probable es que haya contestado que la mayoría de las decisiones en su empresa son verticales o impuestas. ¿Cierto? Lo curioso es que la cultura que se desea construir en las empresas es de cooperación y trabajo en equipo. Pero la imposición de ideas destruye, una vez más, el principio del trabajo en equipo. Los viejos líderes, educados en ese estilo, se hicieron expertos en tomar decisiones según su propia inteligencia y capacidad. Les cuesta mucho trabajo hacerlo recurriendo a las de sus colaboradores. Prefieren imponer que escuchar. Piensan que decir, hacer, mandar, aconsejar, ordenar, ser directivo es la esencia de su trabajo, que para eso están en ese puesto: "Para eso me pagan. Si no, ¿qué hago? ¿cómo dirijo? Si le pregunto a mi gente, no me contestan cosas inteligentes", se dicen. Además, aprendieron a manejar las situaciones aduciendo que al ser humano no le gustan los compromisos ni comprometerse con las decisiones. Con ese paradigma justifican su actitud.

Su problema es que reclutaron subordinados para obedecer; en su mayoría no cuentan con gente más preparada, con iniciativa y capacidad para tomar decisiones individuales o con mucho empuje. Por tradición, contratan personal de mediano perfil que encaje en la definición de los puestos pues de otra manera lo verían amenazante. No están conscientes de la imposibilidad de construir sus proyectos con colaboradores de bajo nivel. Tampoco aprendieron a manejar a seres humanos independientes, capaces, inteligentes y autónomos.

Lo mismo nos sucede en nuestro papel de padres. Cuando nuestros hijos son pequeños nos sentimos sus líderes: les decimos qué deben hacer, a qué escuela ir, cómo comportarse, etcétera. Pero cuando llegan a la adolescencia ya no sabemos cómo tratarlos y nos acongoja su conducta, la cual atribuimos a que los adolescentes son muy rebeldes y difíciles, no saben lo que quieren. Pero, en el fondo, no sabemos manejar gente con poder como ellos.

Tampoco los viejos líderes saben manejar a los nuevos jóvenes que entran a trabajar a las empresas con maestrías, con dos o tres idiomas, con capacidad para dominar todo tipo de computadoras y sistemas complejos de informática, con espíritu emprendedor, deseosos de obtener el puesto de su jefe en dos años; en pocas palabras, con poder personal que no emana del puesto sino de su personalidad y educación.

Los líderes viejos se quejan de que los jóvenes no quieren esperar a que se desarrolle el proceso de aprendizaje. Pretenden evitar etapas y ocupar puestos de alto nivel de inmediato. Pese a ello, debemos aceptar que ésa es la realidad de la nueva juventud y ésa la materia prima con la que deben trabajar los nuevos líderes. Le aconsejo que lea todos los libros que encuentre relacionados con la importancia del capital humano para que mañana no atribuya a la injusticia o a la falta de reconocimiento de sus jefes el hecho de que un joven asuma un puesto superior que no le fue asignado a usted después de veinte años de dedicación. Hoy ésta y la entrega están subordinadas a las personas que puedan prometer resultados a corto plazo, mediante el trabajo en equipo con poco personal y un alto nivel de productividad y eficiencia.

Dado lo anterior, el centralismo en la toma de decisiones tiende a destruir la calidad de vida de quien lo profese, ya que diez o doce horas al día no alcanzarán para despachar tantos problemas que se le presentan y que no son resueltos por el personal operativo del que se disponga. El viejo modelo crea un sistema de delegación hacia arriba.

Nadie se compromete, todos desean que el jefe asuma el riesgo de las decisiones.

El modelo tradicional se basa en el castigo del error

El modelo tradicional representa un cúmulo de incongruencias, pero el castigo del error es muy evidente. El líder de este tipo se queja de que su equipo no decide. Pero ¿alguna vez se ha preguntado lo que le puede suceder a un colaborador si ejerce su iniciativa y creatividad? ¿Si toma una decisión sin el consentimiento de su jefe y, además, el pobre mortal se equivoca? ¿Qué cree que hará su jefe al enterarse? Es fácil predecir que, si se trata de un líder tradicional, le reclamará por no haberle consultado en su ausencia y le pedirá que ésta sea la última vez que tome una decisión sin su consentimiento. Otros tomarán medidas disciplinarias, algunos modificarán la evaluación del desempeño del empleado y otros más pueden llegar a quitarlo de su puesto.

Al respecto resulta paradójico que estos mismos jefes soliciten en sus juntas de trabajo que sus colaboradores opinen. Pero la gente aprende de las evidencias del pasado. Las batallas perdidas por mostrar iniciativa son muy dolorosas.

Muchos líderes tradicionales se quejan de que tienen que decidir todo y que sus colaboradores no aportan. La inconsciencia respecto del impacto que las conductas disciplinarias de este tipo provocan en la mente de los colaboradores no le permite ver al líder que todo se debe a la forma en que disciplina; y luego se queja de la falta de iniciativa.

Lo cierto es que el modelo tradicional de mando prohíbe arriesgarse, mostrar iniciativa y tomar decisiones. El peligro es muy alto, por lo que se autoaconsejan: "Más vale cobarde vivo que héroe muerto. En las batallas de la vida aprendí que es mejor preguntar que arriesgarse". La autora Kathleen D. Ryan desarrolla este tema en un libro muy interesante titulado *Driving fear out of the workplace* (Alejando al temor del sitio de trabajo), en el que se refiere al clima de terror que prevalece en algunas empresas donde tomar una decisión puede ser un acto suicida al estilo de los kamikase japoneses.

Cuando el ser humano actúa desde adentro comprende que el éxito con uno mismo antecede al éxito con nuestro mundo exterior.

HENRY DAVID THOREAU

El modelo tradicional se basa en la superioridad versus la inferioridad

Nunca he visto metamorfosis más rápida de personalidad que la de alguien a quien nombran jefe. Al día siguiente, en forma automática actúa diferente, saluda en forma discreta y condicionada, hasta puede cambiar de trajes y de automóvil para estar acorde con su nuevo nivel. Algunos jefes se creen superiores sólo por tener esa función. Ninguno le dice a sus subordinados que se siente superior pero se le nota. Por lo general llegan más tarde, como

GERENCIA TRADICIONAL   LIDERAZGO

200

a las diez de la mañana, caminando rápido como si llegaran de un desayuno importante de negocios. Entran veloces a la oficina, saludan y llaman a todos diciendo que quieren hablar enseguida con ellos. Todos deben abandonar lo que están haciendo para atender el llamado del ser supremo. Parecen arrodillarse apuntando hacia La Meca porque ya llegó el dios pagano (el que paga el sueldo). Parecería que hay que quemar incienso a su arribo. Este hombre con sentido de omnipotencia, a quien por lo general le llaman "Don", da la impresión de tener poderes divinos, de caminar arriba del agua, de multiplicar los panes y todos deben estar a su disposición en el momento, día y hora en que lo solicite. Tales conductas son por completo contraproducentes para el modelo de gerencia participativa, de facultamiento y trabajo en equipo. Este modelo autoritario suele construir colaboradores protegidos, los consentidos que gozan de privilegios y protección del poder por ser leales al jefe. Pero eso no significa que sean los más inteligentes ni los más aptos para cumplir con los objetivos; sólo son, como en los panales de abejas, peones al servicio del poder.

El modelo tradicional usa información privilegiada

Este modelo ha utilizado la información como un instrumento de poder. La información privilegiada le permite al líder manipular situaciones y lucir inteligente en las juntas y discusiones con sus colaboradores.

La información se caracteriza por su fragmentación; nadie tiene toda pero la lucha por ser quien más posea es feroz dado que permite controlar las decisiones. Cada ejecutivo maneja una información confidencial para controlar las situaciones y eso lo hace fuerte. Compartirla sería una debilidad, ya que puede ser utilizada en su contra, o provocar que deje de lucirse al transformarse en un bien común, lo cual le resta impacto a su elocuencia.

La nueva cultura gerencial es una amenaza para este modelo pues la información debe ser un instrumento común para la toma de decisiones y no uno de poder. Cuando la informática empieza a ponerla a disposición como recurso básico para el buen desempeño de los ejecutivos, no resta sino producir resultados con dicha base de datos. De todos modos, los viejos líderes aplican técnicas de protección estableciendo una contraseña o instalando un software diferente del de otras áreas de la empresa. Su fin es impedir la intromisión. El trabajo en red democratiza la información, pero la cultura burocrática y la falta de confianza no armonizan con los sistemas informativos de alta tecnología y acaban por ser bloqueados por la fragmentación de las contraseñas y los softwares. El problema estriba en que en una sociedad donde impera la desconfianza, como la nuestra, la democratización de la información es un peligro y para los jefes tradicionales será el ultimo bastión que cederán en el mundo de las jerarquías y la fragmentación del poder.

El modelo tradicional se caracteriza por el culto al corto plazo

Estamos inmersos en una cultura donde lo rápido es sinónimo de eficiencia, productividad, calidad y profesionalismo. Basta preguntarle a McDonald's o a Domino's Pizza si ser veloz no es buen negocio. La velocidad es tan atrayente para el ser humano que no se requiere que el producto sea el mejor ni tenga la mejor calidad; debe servirse con rapidez, ser higiénico y orientado al cliente —y, por tanto, económico—. Imagine la importancia de la velocidad en el negocio de las pizzas que si el repartidor no llega a tiempo se la regalan. La pregunta es: ¿el producto es el tiempo o la pizza? ¿La calidad debe consistir en el tiempo en que llega la pizza?

En las organizaciones se considera profesionales a los ejecutivos que actúan con dinamismo y logran resultados a corto plazo. Esta cultura del corto plazo nos hace ser competitivos internamente. Muchos ejecutivos compiten entre ellos por la imagen, por llegar antes que nadie, por brillar por su inteligencia. La velocidad provocada por el corto plazo nos hace agresivos y pensar: "Como no hay muchas oportunidades, buscaré mi recompensa primero". Se dificulta tomar decisiones profundas que solucionen el problema de raíz; más bien, suelen resolverlo en forma transitoria, esto es, ponemos parches sobre heridas que luego aparecen de nuevo. La superficialidad en la toma de decisiones induce a que los problemas sean recurrentes e invirtamos más tiempo para atenderlos. El lema del liderazgo tradicional es salir bien librado, a toda costa, de las escaramuzas en las juntas o reuniones.

☞ ***Conclusiones***

- El entorno, la tecnología y la comunicación obligan a las organizaciones a cambiar de manera radical el modelo tradicional de liderazgo.

202

- El modelo autoritario, inflexible y centralista está llegando a su fin.
- Los sistemas de compensación individual jamás inducirán a las personas a trabajar en equipo y en forma cooperativa, sin importar las reflexiones de los psicólogos.
- El facultamiento requiere un cambio de raíz en el sistema de control tradicional de los líderes.
- El compromiso y el trabajo en equipo se logran con una cultura de comunicación y negociación y no de imposición permanente de las decisiones cotidianas.
- La creatividad y la innovación son producto de una cultura que estimula y recompensa las ideas a pesar de los errores que se cometan.
- El autoritarismo y el sentido de superioridad representan una cultura que aún es válida en las empresas con personal sin educación y cultura que les permitan la autogestión.
- El poder y el control continuarán vigentes en las empresas donde la información es privilegio de pocos y no un recurso para la toma de decisiones.
- El culto al corto plazo es sinónimo de profesionalismo y eficiencia; por ello, el exceso de actividad se premia en muchas empresas, sean productivas o no.

Reflexiones

Analice lo siguiente:

1. ¿Es usted un líder educado en el modelo centralista de control y poca flexibilidad para mostrar la fuerza de su liderazgo?
2. ¿Observa en su grupo un clima de fragmentación y competencia interna?

3. ¿Ha observado que sus colaboradores son dependientes y no toman decisiones?

4. ¿Es usted un líder que siempre tiene que crear las ideas en su grupo?

5. ¿Su estilo de liderazgo tiende a "tener consentidos y el resto"?

6. ¿Considera que cuenta con un grupo en el que la mayoría espera que usted dé las órdenes y las soluciones para los problemas?

7. ¿Su grupo no toma decisiones sin consultarlas antes con usted?

8. ¿Desarrolla usted a su gente para que cuente con las competencias necesarias?

9. En las juntas ¿es usted quien dispone de más información que cualquier persona?

10. ¿Se incomoda y actúa a la defensiva cuando en el grupo alguien le contradice u opina diferente de usted?

✔ *Autoevaluación capítulo 9*

La administración tradicional y el liderazgo

Evalúe su actuación como líder, tal cual es en la actualidad, y no como debería ser, calificando de la siguiente manera:

1 = Casi nunca   2 = A veces   3 = Con frecuencia   4 = Casi siempre

1. ¿Es usted un líder que faculta a su gente en la implantación? .... **1 - 2 - 3 - 4**

2. ¿Los miembros de su equipo tienen la libertad de disentir de sus ideas sin temor? .... **1 - 2 - 3 - 4**

3. Cuando requiere tomar decisiones ¿escucha usted las ideas y llega a cambiar sus puntos de vista con la aportación de sus colaboradores? .. **1 - 2 - 3 - 4**

4. Cuando hay errores ¿busca encontrar
   las soluciones con su equipo? .... **1 - 2 - 3 - 4**

5. En las juntas ¿considera que su gente maneja
   la información con honestidad? .... **1 - 2 - 3 - 4**

6. ¿Trata a todos por igual sin marcar diferencias? ... **1 - 2 - 3 - 4**

7. ¿Es usted un líder con una visión estratégica
   compartida que todos tienen clara? .... **1 - 2 - 3 - 4**

8. En las discusiones, ¿tiende a escuchar
   y comprender los puntos de vista de
   los demás con respeto? .... **1 - 2 - 3 - 4**

9. ¿Su gente siente temor cuando usted
   les reclama los errores cometidos? .... **1 - 2 - 3 - 4**

10. ¿Tiene usted un estilo de liderazgo con el que
    la mayoría de sus colaboradores se siente
    cómoda y sin tensiones? .... **1 - 2 - 3 - 4**

Sume los números que marcó y analice sus resultados:
SUMA TOTAL:

25 a 30 puntos = su perfil de líder es excelente.
19 a 24 puntos = necesita trabajar en su desarrollo como líder.
10 a 18 puntos = debe hacer un cambio significativo en su modelo de
                 liderazgo.

Si lo desea puede realizar su
autoevaluación en línea a través
de nuestra página de internet:
www.borghino.com.mx

Plan de acción para el próximo lunes

1. Identifique las conductas de liderazgo que prevalecen en su empresa y que pertenecen al modelo tradicional de dirección.

2. Liste las conductas que incrementan las diferencias.

3. Liste las actitudes de control y de centralismo.

4. Identifique el sistema de toma de decisiones.

5. Enumere las conductas repetitivas que castigan el error.

6. Observe las conductas egocéntricas y de superioridad de su grupo.

7. Erradique el sistema de información privilegiada.

8. Diagnostique el nivel de gravedad de la cultura del corto plazo.

Pregúntese acerca de lo aprendido en este capítulo

❐ ¿Que puedo aplicar en mi vida **profesional** y cómo?

❐ ¿Qué puedo aplicar en mi vida **personal** y cómo?

❐ ¿Qué **cambios** debo realizar en el corto plazo?

10. La velocidad de los cambios exige un nuevo modelo de liderazgo

Fracasar es la oportunidad de volver a empezar de manera más inteligente.

Henry Ford

Qué puede esperar de este capítulo

En este capítulo usted:

1. Conocerá las condiciones que exige la nueva era del capital humano.

2. Identificará por qué el poder absoluto sobre la gente es inversamente proporcional al nivel cultural de la gente que es dirigida.

3. Descubrirá por qué los líderes tradicionales enfrentan hoy la dificultad de sostener el modelo de liderazgo con el que fueron formados.

4. Conocerá por qué los sistemas que los líderes diseñan para dirigir a sus seguidores condicionan el comportamiento de éstos.

5. *Tomará conciencia de que la falta de una estructura moral en nuestra sociedad ha deteriorado nuestra definición de un líder.*

6. *Comprenderá por qué una de las grandes virtudes de los líderes exitosos es la capacidad de leer a las personas y a los grupos y descubrir lo que ocurre.*

7. *Conocerá por qué los líderes poseen una capacidad reflexiva que les permite abstraerse y dimensionar las cosas.*

La nueva era del capital humano

El desarrollo de un líder se percibe cuando es capaz de fortalecer la unión de su grupo y de trabajar en equipo con personas eficientes e inteligentes. Los líderes tradicionales piensan que la inteligencia es su monopolio personal.

Con el tiempo hemos confirmado tanto en las empresas como en los países que el poder absoluto de un líder sobre las personas es inversamente proporcional al nivel de educación de su grupo o de su país. Los pueblos subdesarrollados aún no han podido aprender a vivir en libertad, en democracia, debido a su incapacidad de actuar en forma responsable e independiente y, a la vez, con mentalidad interdependiente para cumplir con los compromisos colectivos de la nación. Esta falta de madurez colectiva los hunde en la pobreza y en la necesidad de regresar a modelos autocráticos porque los democráticos requieren pueblos maduros, responsables y con un sentido colectivo y cívico. Cuando los pueblos inmaduros incursionan en la democracia consideran que el líder carece de dirección y energía; lo tachan de gris y falto de fuerza en sus decisiones. Su destino es volver a modelos directivos más fuertes, como ha sucedido en varios países latinoamericanos; buscan entonces a un presidente con cultura militar o con sentido populista, pensando que él es la solución. La causa de esta mentalidad es que la cultura autoritaria y centralista de poder no desarrolló en la sociedad la madurez para resolver los problemas que le corresponde al pueblo y no sólo al gobierno. En suma, los modelos autoritarios succionan la capacidad social de autoorganizarse para resolver en comunidad sus problemas locales.

Pero al líder sí se le exigen estas responsabilidades. Él debe luchar contra las fuerzas de la oposición y con la crítica democrática esgrimida por la televisión, la radio y los periódicos. Y, aunque resulte paradójico, el pueblo termina frustrado porque, en su opinión, el líder no cumple. Pensará en regresar a un modelo intermedio, entre humanista, autoritario y populista, que la oposición jamás permitirá que cristalice. Este proceso de avance y retroceso del país continuará hasta que el pueblo madure, no sólo cuando encuentre un líder diferente.

El problema no consiste en el tipo de líder, sino en el tipo de sociedad que debe aprender de los valores comunitarios de civismo y de honestidad. Debemos reconocer que las culturas dependientes no son compatibles con liderazgos democráticos.

Si sus palabras no están respaldadas por el buen rendimiento y por el trabajo duro, entonces no sirven para nada.

MICHAEL JORDAN

En mis conferencias suelo preguntar a los participantes: "¿Cuántos de ustedes creen que no desarrollan en su trabajo el cien por ciento de su talento?" y la respuesta es contundente: más de noventa por ciento levanta la mano. Casi todos están convencidos de que no pueden desarrollarse plenamente. Los líderes tradicionales sufren el impacto de que la gente contribuya con diez o quince por ciento de su capacidad, pero lo peor es que la mayor incapacidad proviene del modelo centralista y autoritario de poder.

Los sistemas tradicionales limitan el desarrollo del liderazgo

Siempre he observado que los sistemas gobiernan sobre las conductas de las personas. Déjeme explicarlo.

Tal como mencioné en otro capítulo, uno de los secretos de los grandes líderes es que resuelven los problemas atendiendo primero la estructura, los procesos y los sistemas y después los problemas humanos de la empresa. Saben que para resolver el problema organizacional no deben poner la carreta enfrente del caballo. Hay cosas que pertenecen a principios que rigen las conductas de los seres humanos. Mi conclusión es que los sistemas crean las conductas de las personas; se trata de una verdad indiscutible. Durante años he visto que las organizaciones premian la individualidad y al mismo tiempo desean que sus empleados trabajen en equipo.

La gente responde a lo que los sistemas reconocen, no a lo que se anuncia en los carteles y las intenciones.

Hace algunos años me invitaron a impartir una conferencia en Ciudad Juárez, en la frontera con Estados Unidos. La persona que organizó el evento me invitó a cenar al otro lado de la frontera, invitación que acepté gustoso. Me llamó la atención que mientras nos dirigíamos hacia el puente que une los dos países él dejó la ventanilla baja, no llevaba puesto el cinturón de seguridad y avanzábamos bastante rápido. Al cruzar la frontera automáticamente subió su vidrio, se ajustó el cinturón y comenzó a manejar a sesenta millas por hora. En los cruceros que decían *stop*, se detenía aunque no viniera nadie.

Yo me preguntaba: "¿Qué le pasó a este señor? ¿Cómo cambió tanto en fracciones de segundos? Si yo pudiera cambiar la mente de la gente con esa rapidez, más de un presidente me llamaría para transformar a su pueblo".

La respuesta es que manejaba en un entorno diferente con diferentes sistemas que norman a los automovilistas. En consecuencia, soy un convencido de que los buenos sistemas que se apliquen con rigor y disciplina modelan la conducta de la gente.

Si los líderes tradicionales comprendieran que gran parte de las conductas de sus subordinados proviene de los sistemas que ellos han diseñado en su área, comprenderían que transformando varios de sus sistemas de trabajo cambiarían las conductas de aquéllos, lo mismo que su estilo propio.

Cualquier temor es una ilusión. Parece que hay un obstáculo, pero en realidad no existe. Lo que sí existe es la oportunidad de hacer el mejor esfuerzo y obtener los resultados.

JOHN GARDNER

La cultura tradicional de los líderes, aunada a sistemas que premian la individualidad y reconocen sólo a los jefes y no a los colaboradores, produjo en las empresas una cultura fragmentada, individualista, centrada en el poder. Dicho modelo también tuvo impacto en el alejamiento de las estructuras de poder con respecto a las personas que operan la organización. La distancia entre jefes y colaboradores fue una de las características del viejo modelo de liderazgo empresarial.

Por consiguiente, si usted desea conformar un equipo de trabajo comprometido con los objetivos, con sentido de responsabilidad y capaz de tomar decisiones, evalúe primero si sus sistemas están alineados con las conductas que quiere desarrollar en sus colaboradores y después capacítelos, pero no antes. No ponga el carro frente al caballo.

Los líderes verdaderos se preocupan menos por parecer que por ser.
De ahí nace su integridad.

ALFRED MARSHALL

La estructura moral de fin de siglo deterioró la imagen de los líderes

Al preguntar a los participantes de mis conferencias cuáles son las características que definen el perfil de un líder, según lo que hemos aprendido del medio ambiente, las experiencias, la televisión, los periódicos, etcétera, en breve, ¿qué hemos aprendido en los últimos años sobre cómo debe verse un líder para considerarlo como tal?, la respuesta es sorprendente. Más de noventa por ciento utiliza adjetivos como: debe ser fuerte, poseer fortuna (¿a quién le importa seguir a un líder pobre?), tener poder, ser elocuente y, según otros, prepotente y corrupto, carismático y magnético.

La opinión de los jóvenes universitarios no difiere mucho de la de otros estratos de la sociedad. Los jóvenes asocian rápidamente al líder con un ser corrupto, vivo, con sed de obtener el poder cueste lo que cueste, oportunista, que sólo ve por su bien personal.

En algunos países en los que he impartido conferencias me aconsejan que cambie la palabra liderazgo por gestión o dirección dado que líder tiene connotación de corrupto. Me pregunto: "¿Qué diría Gandhi si escuchara estos adjetivos?". Con dificultad podría creerlo, pensaría que han engañado a la sociedad, que hemos tomado un rumbo equivocado y caído en una crisis de valores profunda. Y, sin embargo, todos los padres anhelan que sus hijos sean líderes. Entonces, ¿cuál será el modelo de educación que deben recibir? Asimismo, los padres desean que sus hijos sean ejecutivos, que dirijan empresas.

Otra pregunta que acostumbro plantear es: "¿qué opina usted de su jefe?". La mayoría no tiene una buena imagen, ni quisiera ser como él. Entonces, ¿cuál es el camino para la nueva generación, qué imagen deben seguir? Lo más lamentable es que esta imagen ha adquirido niveles alarmantes, que se traducen en un clima de inconformidad y a los jefes no les ha quedado alternativa sino aplicar el poder para que la gente los respete y formar un pequeño grupo de privilegiados para influir en la conducta del resto de sus colaboradores.

La realidad es que el modelo tradicional del líder está llegando a su fin. El perfil de la nueva generación no puede permitir su supervivencia y yo agregaría que, si usted desea ser líder, sería imposible sobrevivir en una empresa en el largo plazo con dicho modelo.

El perfil de un líder

Los grandes líderes aprenden a dirigir como quien comparte su comida, sin que se perciba, esto es, sin destruir la individualidad de sus colaboradores. Una de las virtudes de un gran líder es su capacidad de saber leer a los grupos, de desarrollar la sensibilidad y descubrir el clima que impera en ellos.

Interpretan el comportamiento más que las palabras, tienen un conocimiento instintivo de la naturaleza humana que les permite dirigir sin devaluar a los miembros de su equipo.

¿Es usted de las personas que al entrar a su oficina percibe de inmediato la situación, la atmósfera que se respira? Si es así, posee la sensibilidad básica que emana de su "inteligencia emocional" —según Daniel Goleman, a quien ya mencionamos— y con ella puede tomar distancia en los problemas, de modo de examinarlos con mayor objetividad y no sentirse parte de los mismos.

La serenidad es otra de las virtudes del líder. Sólo con calma las cosas toman su cauce, la complejidad su orden y la continuidad su secuencia. Esta sabiduría es inherente en quienes conocen cómo resolver los problemas complejos de la vida.

Los líderes son reflexivos

Las decisiones no pueden tomarse si no están precedidas por la comprensión, la reflexión, la adquisición de conciencia, el saber tomarle el pulso de las cosas. Los grandes líderes desarrollan esta virtud de reflexión y su capacidad de abstracción les permite apartarse del ruido ocasionado por los problemas, sintetizar el todo y ver la aguja en el pajar.

Cuando pasamos mucho tiempo cerca del bullicio de las acciones cotidianas nos alejamos de nuestros pensamientos profundos y dejamos que nos reconforte la soledad. Los líderes son así; se retiran, reflexionan sobre cómo mejorar las cosas y comprenden por qué suceden. Acostúmbrese a tomar tiempo para reflexionar; esto le permitirá identificar cuán lejos se encuentra de su visión, entender por qué ocurren las cosas, fortalecer su espíritu y su calidad humana. Es el mejor camino para encontrar el camino.

Lo más denigrante para cualquier persona estriba en no ser capaz de sentarse a solas y reflexionar.

Blaise Pascal

Hace muchos años un gran ejecutivo me confesó que cuando enfrentaba problemas complejos solía ir a las montañas, porque desde la cima ubicaba con la mente el problema en la base; de tal modo su tamaño se reducía y encontraba nuevas opciones. Me aconsejó: "Cuando tengas problemas difíciles de resolver, sube a cualquier lugar elevado, preferentemente sin techo, ya que éste limita la creatividad y analiza el problema desde la lejanía para que las emociones se canalicen y la lógica y la razón asuman su lugar en la solución".

Sólo aquel capaz de comprender los patrones de pensamiento detrás de la conducta puede transformarse en líder. El objetivo no es apaciguar de tajo todos los conflictos, sino comprender sus causas y para ello es necesario aprender a leer entre líneas y no sólo centrarse en el conflicto. De lo contrario, los problemas se repetirán una y otra vez ya que atendemos al efecto y no al origen.

Es necesario saber qué está latente detrás de un problema, aprender qué hay tras una serie de constantes que se repiten, para así identificar la causa y las oportunidades que todo problema o crisis trae consigo. No olvidemos que la serenidad es un proceso interior.

Un líder tiene que ganarse el título. No se es líder sólo por ser el mejor jugador o el más popular.

MICHAEL JORDAN

Cuanto mayor es la conciencia del líder sobre las causas, más reflexiona y entiende. Gracias a estas virtudes desarrolla mejores planes y visualiza lo que a simple vista los demás no ven. No olvidemos que Newton descubrió la ley de la gravedad cuando una manzana cayó del árbol bajo el que estaba descansando. Cuando se aprende a leer entre líneas se logra comprender por qué suceden las cosas y adelantarse a los acontecimientos. La capacidad de síntesis permite analizar todo con una mirada a vuelo de pájaro que reconoce el terreno, comprender que el espacio entre barrotes hace la celda, que el secreto está en el espacio, que la pausa entre nota y nota produce la música. Las técnicas de liderazgo tradicionales nos enseñan a ser defensivos, a actuar sobre los efectos más que sobre los orígenes de las cosas y nos alejan del sentido común, los valores y la lógica pura de la vida.

Las técnicas en las relaciones son como los remiendos en un abrigo, cualquier día acaban por desgastarse.

PATRUL RIMPOCHE

☞ *Conclusiones*

- Los líderes tradicionales creen que tiene el monopolio de las soluciones y mentalizan el poder derruyendo la iniciativa que tanto se quejan de no encontrar en su gente.

- Los países que han sido gobernados por sistemas autoritarios de poder no pueden vivir en democracia dado su desconocimiento de lo que se requiere para asumir la responsabilidad que les corresponde y terminan por ser dirigidos por un líder populista.

- Los sistemas crean las conductas de sus empleados: si premian la individualidad no es posible que éstos trabajen en equipo, sin importar los cursos que tomen.

- Si desea cambiar a su grupo necesita cambiar los sistemas que lo gobiernan.

- La mayoría de las personas declara que no puede desarrollar el cien por ciento de su potencial en el lugar en el que trabaja por los líderes que tiene.

- La estructura moral de la sociedad ha llevado a las personas a asociar la palabra líder con adjetivos como corrupto, vivo, carismático, oportunista, listo.

- Los jóvenes que forman la nueva generación que ingresa a las empresas se resisten a ser dirigidos por líderes tradicionales y éstos deben aplicar más poder para lograr sus objetivos.

- Los grandes líderes aprenden a dirigir como quien comparte un plato de comida, sin que se perciba y sin destruir la individualidad.

- Los líderes deben desarrollar la capacidad reflexiva que les permita apartarse del ruido, tomar el pulso de las cosas y comprende lo que sucede.

- Sólo aquel capaz de comprender los patrones de pensamiento detrás de las conductas de sus colaboradores puede transformarse en líder.

- La serenidad es un proceso interior; cuanto mayor sea la conciencia del líder acerca de lo que sucede, más reflexionará, entenderá y podrá tomar mejores decisiones.

- Aplicar técnicas de relaciones humanas y motivación para resolver los problemas humanos es como poner remiendos a los abrigos, con el tiempo acaban por desgastarse.

🕐 *Reflexiones*

Analice lo siguiente:

1. ¿Cuenta usted con colaboradores con un nivel de incapacidad tal que tiene que aplicar técnicas de control autoritarias para que desarrollen su trabajo?

2. ¿Considera que su perfil sólo reconoce los méritos de algunas personas y a las demás debe mantenerlas bajo estricto control para que cumplan con su desempeño?

3. ¿Dispone usted de sistemas de reconocimiento y procesos de trabajo que estimulen el trabajo en equipo o fomenten la individualidad?

4. ¿La estructura moral de su equipo permite un ambiente de credibilidad y confianza en su grupo?

5. ¿Le es fácil a usted leer el comportamiento y tiene el instinto necesario para conocer la naturaleza humana?

6. ¿Tiene la capacidad de síntesis que le permita, con una mirada, reconocer lo que sucede en el terreno?

7. ¿Es usted una persona reflexiva que puede abstraerse del ruido de los problemas, sintetizar el todo y ver "la aguja en el pajar"?

8. ¿Posee la sensibilidad requerida para percibir la atmósfera que se respira?

9. ¿Es usted un líder reflexivo que en la soledad puede mejorar las cosas y comprender cuán lejos se encuentra de su objetivo?

✔ *Autoevaluación capítulo 10*
La velocidad de los cambios exige un nuevo modelo de liderazgo

Evalúe su actuación como líder, tal cual es en la actualidad, y no como debería ser, calificando de la siguiente manera:

1 = Casi nunca   2 = A veces   3 = Con frecuencia   4 = Casi siempre

---

1. ¿Cuenta usted con colaboradores capaces
   y preparados para resolver los problemas
   en forma independiente? .... **1 - 2 - 3 - 4**

2. ¿Ha podido desarrollar un modelo de liderazgo
   que se adapte a la nueva generación de jóvenes
   educados con maestría? .... **1 - 2 - 3 - 4**

3. ¿Ha construido un grupo con valores de
   honestidad, rectitud y respeto en sus
   conductas diarias? .... **1 - 2 - 3 - 4**

4. ¿Tiene usted, como buen líder, la capacidad de
   percibir los problemas y el ambiente que se respira
   sin que sus subordinados lo hayan expresado? ..... **1 - 2 - 3 - 4**

5. ¿Ha desarrollado sistemas que fomenten
   en su grupo el trabajo en equipo
   y la responsabilidad personal? .... **1 - 2 - 3 - 4**

6. ¿Es usted un líder con capacidad reflexiva
   que le permite abstraerse con calma y reflexionar
   frente a problemas complejos? .... **1 - 2 - 3 - 4**

7. Frente a la cantidad de problemas que debe
   resolver como líder, ¿dispone usted de capacidad
   de síntesis y logra ver la "aguja en el pajar"? .... **1 - 2 - 3 - 4**

8. ¿Es usted un líder que actúa más con respecto
   a las causas de los problemas en lugar
   de atacar sus efectos inmediatos? .... **1 - 2 - 3 - 4**

9. ¿Puede usted abstraerse de los problemas y evitar
   caer en el estrés que producen? .... **1 - 2 - 3 - 4**

10. ¿Puede ver los problemas con una dimensión
    racional y separar las emociones y los impulsos? . **1 - 2 - 3 - 4**

Sume los números que marcó y analice sus resultados:
SUMA TOTAL:

25 a 30 puntos = su perfil de líder es excelente.
19 a 24 puntos = necesita trabajar en su desarrollo como líder.
10 a 18 puntos = debe hacer un cambio significativo en su modelo de liderazgo.

 Si lo desea puede realizar su autoevaluación en línea a través de nuestra página de internet: www.borghino.com.mx

Plan de acción para el próximo lunes

1. Construya su liderazgo analizando el capital humano del que dispone en su grupo.

2. Evolucione los sistemas que gobiernan la cultura de su equipo.

3. Diagnostique la percepción de su gente acerca del liderazgo.

4. Eduque su mente encontrando tiempo para cultivar su mente reflexiva.

5. Desarrolle la habilidad de leer las emociones y conductas de su gente.

Pregúntese acerca de lo aprendido en este capítulo

❏ ¿Que puedo aplicar en mi vida **profesional** y cómo?

❏ ¿Qué puedo aplicar en mi vida **personal** y cómo?

❏ ¿Qué **cambios** debo realizar en el corto plazo?

11. Liderazgo, un preámbulo de la realización

¿Qué puede esperar de este capítulo?

En este capítulo usted:

1. Conocerá la trascendencia de vivir una vida congruente con sus anhelos de realización.

2. Comprenderá que los humanos somos seres sedientos de sentido y dirección.

3. Identificará por qué el dinero y el poder por sí mismos no satisfacen el hambre indefinida del alma.

4. Comprenderá por qué el éxito consiste en alcanzar lo que más desea, pero la realización es desear lo que uno tiene.

6. Conocerá si transitar por la pista de los bienes de la vida es nuestro designio.

7. Identificará la trascendencia que nuestra vida cobra cuando somos líderes de nuestro destino.

8. Conocerá si uno logra la realización y la felicidad con el solo hecho de perseguirlas.

9. Sabrá en qué manera la vida nos enseña a vivir si somos líderes de nuestras conductas.

La congruencia de nuestra vida

Si se pregunta a cualquier persona qué es lo más importante en su vida, si ganar dinero o dedicarse a su familia, casi todos sin vacilación optarán por lo segundo.

Pero si observamos con atención los actos de esa misma persona, veríamos que no vive de acuerdo con lo que, según ella, es su prioridad. Muchos hemos aprendido que al llegar más temprano a trabajar y regresar cansados por la noche demostramos cuánto queremos a nuestra familia, ya que nos sacrificamos para brindarle un mayor bienestar, como tanto se publicita. Hemos visto ya que se nos enseñó un modelo de liderazgo que no está dando resultado. Parecería que para lograr el éxito hay que destruir la vida personal o ponerla en un plano secundario. Sobran evidencias que señalan que el precio del éxito es muy alto y que no se puede tener todo en la vida.

Los seres humanos confundimos el éxito con la realización o la felicidad, de modo que vivimos abrumados dado que la educación que hemos recibido no nos permite separarlos. El escritor italiano Vittorio Brunatti comentó: "Éxito es alcanzar lo que uno más desea y felicidad es desear lo que uno tiene"; así de sencillo. Pero si le preguntamos a alguien qué es lo que más anhela en la vida, con seguridad una de sus respuestas será: "realizarme, ser feliz". Y es que todos aspiramos y luchamos por ello, aunque sospecho que la mayoría de la gente casi todo el tiempo no lo consigue. ¿Por qué será tan ilusoria esa sensación de felicidad tanto para las personas que logran lo que anhelan como para quienes no lo logran? ¿Por qué algunas personas que tienen tantos motivos para ser felices sienten en su interior que algo les falta? ¿Será pedirle demasiado a la vida alcanzar la realización? ¿No será que, como la juventud eterna, es un fin inalcanzable por más que nos esforcemos? ¿Es posible que el hombre se realice, sea feliz, o lo que sucede es que hemos equivocado el camino?

Un día leí un pasaje en un libro que describe en forma extraordinaria esta interrogante con una narrativa metafórica.

Cuenta la leyenda que cuando Dios estaba en el proceso de creación de la humanidad se reunió con su equipo de asesores y uno de ellos dijo:

—Pronto crearemos a los seres humanos, pero no es justo que se les otorguen tantas virtudes y habilidades. Deberíamos hacer algo para dificultarles el desarrollarse a sí mismos. Deberíamos dotarlos de muchos defectos y poner en su camino problemas emocionales para relacionarse con otros.

—Esas limitaciones no son suficientes. Debemos privarlos de algo que los haga experimentar cada día como un reto de vida —intervino otro integrante del equipo.

Todos estuvieron de acuerdo con él, pero se preguntaron cuál sería ese reto.

Otro asesor opinó:

—¡Debemos quitarles algo que sea muy importante para ellos! Después de pensarlo, Dios determinó:

—¡Ya sé!, les quitaremos la llave de la felicidad.

Todos estuvieron de acuerdo y celebraron la buena idea. Sin embargo, más adelante cuestionaron:

—Pero, Dios, el problema será ¿dónde esconderla para que no puedan encontrarla?

—Debemos esconderla en la montaña más alta de la tierra —sugirió uno.

—Pero recuerda que el ser humano tendrá la capacidad de escalar, acabará por encontrarla y todos podrán acceder con facilidad a ella —argumentaron otros.

—Entonces debemos esconderla en lo más profundo del mar —fue otra propuesta.

—No es conveniente; con su capacidad de desarrollar tecnología, el ser humano diseñará un equipo con el que puedan bajar a grandes profundidades y entonces la encontrarán —coincidió la mayoría.

—Saquémosla de la Tierra y pongámosla en otro planeta —adujo otro, llevado por la creatividad.

—No, no es lo más adecuado porque el ser humano haría investigaciones para construir una nave poderosa y encontraría la felicidad donde fuera —le respondieron.

Dios reflexionó, se puso de pie y con gesto inteligente concluyó:

—Creo que he dado con dónde debemos ponerla para que realmente no la descubran con tanta facilidad. Hay que esconderla donde nunca buscarían.

Todos lo miraron con sorpresa.

—¿Cuál es ese lugar? —le preguntaron.

—La esconderemos dentro de su corazón... Pocos buscarán en él; estarán tan ocupados esforzándose por alcanzar las cosas materiales que no se darán cuenta de que siempre la han traído consigo mismos.

Perplejos, sus asesores aprobaron ésta como la mejor idea.

Y así se creó al ser humano.

¿Qué nos aporta esta metáfora? Es fundamental que comprendamos que la clave de la felicidad consiste en encontrar el sentido de nuestra vida, dirigirla hacia un destino predeterminado y ser líderes de nosotros mismos.

Y ¿dónde se encuentra el sentido de la vida? La respuesta es muy sencilla: en nuestro interior. Y tendremos toda la vida para encontrar dicha respuesta. Cuando lo hagamos seremos líderes de nuestro destino.

Somos seres sedientos de sentido

El talentoso autor Oscar Wilde escribió: "En este mundo sólo existen dos tragedias: una es no obtener lo que deseamos y otra es obtener lo que deseamos". Lo que nos advertía con sus palabras es que, aun al afanarnos por lograr lo que queremos, y conseguirlo, no nos sentiremos satisfechos. Cuando llegamos a este punto, después de sacrificar tantas cosas en aras del éxito, comprendemos que no era eso lo que queríamos. El dinero y el poder, si bien son grandes motivadores, no satisfacen esa hambre indefinida del alma. Muchos líderes ricos y poderosos anhelan algo más, tal como menciona John R. O'Neil en su libro *La paradoja del éxito*. Si nuestro autoconcepto depende de lo que amasemos, de nuestra popularidad y de la opinión que merezcamos ante los ojos de otras personas, siempre estaremos sujetos a ellas. Y un día podrían dejarnos sin la alfombra sobre la cual estamos parados, cuando ya nos hayamos vuelto dependientes de la aprobación de los demás para ser alguien.

Nuestras almas no están sedientas sólo de fama, riqueza y poder. Los atributos que poseemos para su logro se deben al entrenamiento recibido desde que conocimos la luz de la vida; se nos capacita para ser gladiadores del éxito, manejamos todas las armas, trucos, astucias y técnicas para ello. Pero nuestra alma y nuestra mente tienen hambre de lo que no nos han enseñado: encontrar el sentido. Anhelamos que nuestra existencia sea importante, pero aprendimos que los demás papeles que desempeñamos en ella obstaculizan el camino del éxito. Sin embargo, debemos comprender que la función del líder no se limita a la búsqueda del poder y al sacrificio de la vida personal en aras de los objetivos y metas de crecimiento y evolución económicos. Muchos líderes, en nombre de la estabilidad económica de la familia, acaban con ésta. El objetivo era meritorio mas el medio no lo fue. Debemos aprender de la vida y no sólo pasar por ella. Por algo aquel sabio adagio: "Mientras vivas aprende cómo vivir".

Los seres humanos buscan y huyen de muchas cosas, pero tanto lo que buscan como aquello de lo que huyen se encuentra dentro de sí.

ANTHONY DE MELLO

¿Que encierra la vida aparte del simple hecho de existir, comer, trabajar y procrear hijos?

¿Somos iguales a los animales salvo en la capacidad de cuestionar el sentido de la vida? ¿Acaso nosotros somos como ellos? ¿Nuestro único objetivo es tener hijos para perpetuar la raza humana? ¿Es nuestro destino desaparecer, dejar lugar para la nueva generación y heredar bienes para la próxima? ¿O es que la vida ha fijado otro designio además de la simple existencia y el tránsito por la pista de los bienes? Con nuestra desaparición ¿el mundo va a perder algo o sólo seremos uno menos? Es trascendental responder a estos cuestionamientos o bien nos sumiremos en la incomprensión de nuestra transitoriedad por este planeta.

Los chinos se caracterizan por su longevidad, ayudados por ciertas reglas que los occidentales, por alguna razón, no aplicamos como filosofía de vida. Aquí compartiré una de las tantas que conozco, las del doctor E. Lee.

Cinco obstáculos que detienen la longevidad

1. Otorgar a la fama y al dinero la prioridad máxima en la vida.

2. Odiar con facilidad y no olvidar, ser rencoroso.

3. Ser hedonista y amante de lo prohibido.

223

4. Comer comida chatarra.

5. Vivir fatigado y trabajar en exceso.

Cómo cultivar la longevidad

1. Acuéstese y levántese temprano.

2. Abra las ventanas al acostarse.

3. No viva preocupado.

4. Haga ejercicio diariamente.

5. Tome tres baños al día.

6. No beba ni fume.

7. Coma vegetales.

8. Camine después de cada comida.

9. Piense de manera positiva.

10. Sea compasivo y tolerante con los demás.

11. Perdone, comprenda, sea confiable y amable.

Sea usted creyente o no y fuere cual fuere su religión,
es deber del hombre perseguir la felicidad.

DALAI LAMA

Trascendencia de nuestra vida

Una persona que conocía murió de repente en un fin de semana. La mayoría de los que fuimos al sepelio seguro pensábamos: "Bien podía haber sido cualquiera de nosotros, su corazón se detuvo y se nos fue". Eso sucedió hace dos meses.

Me enteré de que su esposa se mudó a otra ciudad, para vivir con sus padres y en la empresa ya ocuparon su puesto con otra persona. Hace dos meses él trabajaba a cinco metros de mi escritorio y ahora parecería que nunca hubiera existido. Como cuando uno arroja una piedra al río: durante unos instantes se forman ondas en el agua, pero luego ésta queda como antes y la piedra desaparece.

Lo mismo le podría suceder a cualquiera. ¿Y la vida de un ser humano no debe ser algo más que eso? Creo que la moraleja es que es necesario esforzarse pero con conciencia de mantener un equilibrio entre la vida personal y la profesional, entre los objetivos materiales y espirituales, entre el crecimiento económico y el crecimiento personal e intelectual, entre el crecimiento profesional y el familiar.

La clave de la realización es, ni más ni menos, el equilibrio conforme con los antiguos preceptos orientales.

Si un árbol se desploma en el bosque y no hay nadie cerca para oírlo ¿acaso hizo ruido? Si una persona vive y nadie se percata de ello ¿estuvo en realidad aquí?

Estoy convencido de que el miedo más grande que el que se siente a la misma muerte es morir sin que nuestra vida haya tenido trascendencia, que dé igual que hayamos existido o no. Por ricos que seamos en bienes materiales, lo que anhelamos es un sentido de trascendencia. Por más que poseamos todos los bienes deseados, podemos sentirnos vacíos si no tenemos la respuesta.

Un viejo refrán dice: "Para el gusano que vive en la manzana, todo el mundo es una manzana".

Es decir, si no hemos conocido otra forma de vida más que el trabajo como el fin para construir la realización, damos por sentado que la única forma de vivir es la que hoy tenemos. No conocemos otra mejor. Sólo los privilegiados pueden aspirar a ella.

¿Será posible que la vida tenga sentido?

Esta interrogante surge sólo cuando tenemos conciencia de que estaremos un rato de paso por la vida, ya que el resto del tiempo estaremos muertos. La búsqueda de sentido es lo que hace diferente al ser humano de las demás especies.

De tal manera, se torna crucial construir en nuestra mente una actitud de liderazgo y visión de vida orientada al logro de nuestro propósito.

La frustración más grande del ser humano es tener el cuerpo aquí
y la mente en el pasado o en el futuro.

GANDHI

La búsqueda de la realización

Uno no adquiere la realización —o la felicidad— por el solo hecho de perseguirla. Nos sentimos realizados cuando llevamos una vida plena y balanceada en la que otorgamos el tiempo necesario a los diferentes roles que nos corresponden en la vida; así evitamos subordinar uno a otro: que el rol del trabajo no subordine al de la familia y viceversa. Las personas más felices y realizadas que conozco quizá no sean las más ricas y famosas del mundo, ni las que más se empeñan en serlo documentándose con libros de sociología y antropología. Por el contrario, considero que los más dichosos son los que procuran invertir el tiempo necesario en cada área importante para ellos y actúan con honestidad, rectitud y humildad. No se es feliz sólo por ir en pos de la felicidad; ésta es como una mariposa: cuanto más la perseguimos, más se aleja. Pero si no la perseguimos y nos preocupamos por tener una realización integral, se nos acercará por detrás y se posará en nuestro hombro.

¿Será que se nos pone en la vida durante un breve instante, lo necesario para mantener viva la especie y luego ceder el lugar a nuestros hijos, para que a su vez éstos también se reproduzcan y mueran?

¿Acaso Dios ha plantado en nosotros un anhelo imposible de saciar, como la sed de tener un sentido y trascendencia?

¿O podremos dirigir nuestra vida a un propósito y ser líderes de nuestro destino?

Lo importante es no desperdiciar el limitado tiempo con que contamos pensando que la ilusión de lo material es lo único que nos hace sentirnos realizados.

Cuenta la leyenda que un hombre salió a pasear por el bosque y se perdió. Daba vueltas y más vueltas intentando hallar la salida, pero no la encontraba. De pronto vio a una persona y le preguntó: "¿Podría indicarme el camino de regreso al pueblo?". El otro respondió: "No puedo porque yo también estoy perdido. Lo que sí podemos hacer es ayudarnos el uno al otro diciéndonos cuáles caminos no son los correctos, hasta que juntos encontremos el de salida".

En efecto, como mencionamos en capítulos anteriores, el espíritu gregario del ser humano es un don compensatorio; el éxito se presenta cuando triunfamos en las relaciones con otros seres y no en la soledad.

La vida nos enseña a vivir

Cuando somos jóvenes ambicionamos el éxito por el éxito mismo. Queremos medir nuestra capacidad.

Luego las cosas cambian. En vez de tomar la vida como un torneo y la victoria como un fin, comenzamos a ver el éxito como el medio necesario para alcanzar la visión y el propósito que nos hemos fijado. Y un día no sólo nos preguntamos: "¿Hasta dónde puedo crecer?", sino también: "¿Qué clase de vida se me exige llevar para continuar el ascenso?". He encontrado que algunos ejecutivos a cierta edad se preocupan menos por escalar posiciones dentro de la empresa y más por conseguir convertir su éxito en una gratificación, ya sea en lo que se refiere a su vida personal, a la formación de su propio negocio o a trabajar en su pasatiempo favorito.

El afán de ser siempre el primero nos recompensa en nuestros años de juventud pero ya en la vejez tomamos conciencia de que hay otros objetivos que debemos alcanzar.

Si perdemos el respeto a nuestro líder, si no aprobamos sus conductas públicas o privadas, perderá la legitimidad de su liderazgo y nuestra confianza.

GANDHI

La sola búsqueda del poder personal tiende a separarnos de nuestros amigos porque no es posible tener tiempo para todo. El poder, al igual que el agua, emana de arriba y fluye hacia abajo, hacia una persona que ocupe una posición inferior. El amor y la amistad, en cambio, sólo se dan entre personas que se sienten iguales y se comprenden. Si uno ordena y el otro obedece puede haber lealtad y gratitud, pero no amor y profunda amistad.

Quisiera concluir estos conceptos con un pensamiento de una gran líder mundial que trabajó toda su vida por hacer el bien sin buscar riquezas y cuya obra trascendió su vida, la Madre Teresa de Calcuta:

> *El fruto del silencio es la oración.*
>
> *El fruto de la oración es la confianza.*
>
> *El fruto de la confianza es el amor.*
>
> *El fruto del amor es el servicio.*
>
> *El fruto del servicio es la paz.*

Estas extraordinarias frases expresan de manera magistral lo que es el liderazgo. Y es que los grandes líderes son reflexivos, requieren del silencio para encontrarse a sí mismos. En la oración encontrarán la sabiduría y la confianza que el destino les depara. Esa confianza antecede al amor, la amistad y el cariño al prójimo. Los líderes comprenden que el fruto del amor, la amistad y las relaciones humanas está en el dar, en la consideración y el servicio a otros; que el grupo es lo más importante. Entienden que sólo podemos dar cuando alcanzamos madurez y seguridad. Al dar obtenemos más y nos llenamos de esa paz que otorga el contribuir al desarrollo de los demás, de nosotros mismos y de una generación superior que construya un país mejor y un mundo unido por líderes comprometidos con el bien común.

☞ Conclusiones

- Casi todas las personas anhelan ser felices con su familia pero dedican todo su tiempo al trabajo con el único propósito de acumular bienes materiales.

- Se nos ha enseñado un modelo de vida que no está dando resultado. Parece que para lograr el éxito hay que destruir la vida personal o ponerla en un plano secundario.

- ¿Por qué muchas personas con tantos motivos para ser felices sienten que algo les falta?

- En este mundo se presentan dos tragedias: una es no lograr lo que queremos y otra consiste en lograr lo que queremos. En ambos casos nos sentimos insatisfechos internamente si no damos sentido a nuestra existencia.

- El dinero y el poder, si bien son grandes motivadores, no satisfacen la sed indefinida del alma.

- Si nuestro autoconcepto depende de lo que amasemos o de la opinión que otros se forman de nosotros siempre seremos dependientes de los demás.

- Somos gladiadores del éxito, conocemos todas las armas y trucos, pero nuestra mente y nuestra alma están sedientas de lo que no nos han enseñado: el sentido de dirección del que gozan los grandes líderes.

- He conocido a muchos líderes que, en nombre de la estabilidad económica de la familia, acaban con ésta.

- Los líderes maduros comprenden que, según los antiguos preceptos orientales, el equilibrio es la clave del éxito en este mundo.

- El miedo más grande de las personas que lideran su vida es morir sin que ésta haya sido trascendente.

- Los líderes más realizados son aquellos que procuran invertir el tiempo necesario para cada área importante de su vida.

- Si desea ser líder, es importante que no desperdicie su limitado tiempo pensando en la ilusión de lo material como el único vehículo de realización.

- Nunca he visto a una persona que en su lecho de muerte se arrepienta de no haber invertido más tiempo trabajando.

- Cuando uno dirige su vida no sólo se pregunta cuánto puede crecer sino qué clase de vida quiere vivir.

⏲ *Reflexiones*

Analice lo siguiente:

1. ¿Es usted un líder que vive de acuerdo con sus prioridades personales y profesionales?

2. ¿Siente que en su vida hay equilibrio entre el trabajo y su vida personal?

3. ¿Cultiva sus relaciones interpersonales con consistencia?

4. ¿Se ha preguntado no sólo hasta dónde desea crecer sino qué clase de vida quiere vivir y está trabajando en ello?

5. ¿Le importa mucho lo que sus amigos, familiares y otras personas opinen sobre su éxito personal?

6. ¿Piensa que el trabajo que desempeña en la actualidad lo llevará en verdad a la realización que anhela?

7. ¿Cuida su salud física con regularidad, haciendo ejercicio y comiendo comida sana?

8. ¿La búsqueda de sentido en su vida es una prioridad en sus reflexiones?

9. ¿Se siente insatisfecho a pesar de los resultados que ha obtenido?

10. ¿Sacrifica áreas de su vida a las que debería dedicar más tiempo y atención?

✔ ***Autoevaluación capítulo 11***

Liderazgo, un preámbulo de la realización

Evalúe su actuación como líder, tal cual es en la actualidad, y no como debería ser, calificando de la siguiente manera:

1 = Casi nunca   2 = A veces   3 = Con frecuencia   4 = Casi siempre

1. ¿Conserva un equilibrio entre su vida personal y su vida profesional? .... **1 - 2 - 3 - 4**

---

2. ¿Estimula a su grupo de trabajo a desarrollar
   su salud física? .... **1 - 2 - 3 - 4**

3. ¿Se ha forjado un sentido claro de lo que
   desea en la vida? .... **1 - 2 - 3 - 4**

4. ¿Es usted una persona que controla con facilidad
   el estrés provocado por su trabajo? .... **1 - 2 - 3 - 4**

5. ¿Equilibra usted su vida espiritual y su
   vida material? .... **1 - 2 - 3 - 4**

6. ¿Cuida usted su salud física haciendo ejercicio
   con regularidad y cuidándose en lo personal? .... **1 - 2 - 3 - 4**

7. ¿Su vida está centrada en aquello que es lo más
   importante para usted? .... **1 - 2 - 3 - 4**

8. ¿Invierte tiempo en dialogar e integrarse con
   su equipo de trabajo? .... **1 - 2 - 3 - 4**

9. ¿Es usted un líder que utiliza tiempo para
   reflexionar y dar dirección a su vida? .... **1 - 2 - 3 - 4**

10. ¿Sabe usted lo que quiere de la vida? .... **1 - 2 - 3 - 4**

Sume los números que marcó y analice sus resultados:
SUMA TOTAL:

25 a 30 puntos = su perfil de líder es excelente.
19 a 24 puntos = necesita trabajar en su desarrollo como líder.
10 a 18 puntos = debe hacer un cambio significativo en su modelo de
                 liderazgo.

Plan de acción para el próximo lunes

1. Erradique el desbalance y las incongruencias de su vida.

2. Descubra el sentido que tiene su vida.

3. Aplique los principios de longevidad.

4. Visualice junto con su familia, el sentido de trascendencia de la familia.

5. Defina qué lo hace feliz y trabaje una hora diaria en ello.

6. Identifique las enseñanzas de su vida, disfrútelas y transmítalas a sus hijos y colaboradores.

Pregúntese acerca de lo aprendido en este capítulo

❐ ¿Que puedo aplicar en mi vida **profesional** y cómo?

❐ ¿Qué puedo aplicar en mi vida **personal** y cómo?

❐ ¿Qué **cambios** debo realizar en el corto plazo?

12. Resumen de las características del líder del siglo XXI

Qué puede esperar de este capítulo

En este capítulo usted:

1. *Conocerá las características más sobresalientes con que debe contar un líder para enfrentarse a los nuevos retos de los negocios.*

2. *Conocerá las habilidades que debe tener para dirigir con eficiencia un equipo de trabajo.*

3. *Encontrará algunos consejos sobre cómo construir su verdadero liderazgo.*

4. *Recibirá recomendaciones orientadas a construir su liderazgo para el siglo XXI.*

1. Esgrime su poder de dirección

El líder se asemeja más a un director que al primer violín de una orquesta: sólo en casos extremos ejecuta directamente pero es muy estricto en la ejecución. Se destaca por saber cómo orquestar el trabajo de los demás en forma eficiente.

2. Ama los desafíos

Necesita adrenalina para sentir que produce o avanza. No le teme a los problemas o decisiones complejos y de alto riesgo. Por el contrario, su función como líder no tendría sentido si no se enfrentara a un reto tras otro. Más aún, la complejidad de los problemas justifica su existencia.

3. Lo que más le importa es la implantación

Las fechas límite y el cumplimiento de los objetivos es su pan de cada día. Se concentra en hacer que las cosas sucedan, mientras otros dan explicaciones científicas —válidas y reales, pero al fin explicaciones— y no emprenden acciones con resultados concretos para que el grupo cumpla con las metas.

4. Sabe cuándo no actuar

El pensamiento racional del gran líder le permite no caer en decisiones viscerales en las que el impulso domine a la razón. Sus decisiones están gobernadas por su visión estratégica y sabe cuándo actuar o no. El momento de la decisión es clave ya que la sorpresa es fundamental para lograr los objetivos.

5. Produce resultados

El alimento del líder son los resultados, no puede justificar su desempeño sin ellos. Si recibe reconocimiento histórico es por sus hechos, por la cantidad de resultados que ha producido. Los deportes son un reflejo de esta conducta; en la carrera de los cien metros no cuenta la intención, sino llegar primero. Así de racional es la función de un líder, quien, por medio de resultados, resuelve problemas que otros no sabrían cómo atacar siquiera.

6. Es realista

El líder es optimista porque lo mueve un propósito de largo plazo. Pero también se caracteriza por ser realista. Aprende del análisis de las evidencias y conoce las capacidades de sus colaboradores para enfrentar la realidad.

7. Se concentra en lo fundamental

La focalización es la clave de un buen líder. Si se manejan demasiados proyectos, se acaba por no concluir la mayoría. El líder domina en detalle los suyos; la información y el seguimiento son su secreto y los lleva a cabo con eficiencia.

8. Es confiable

La habilidad que desarrolla un líder en última instancia proviene de la confianza que despierta en su equipo; de otra forma tendría que imponer, arrastrar, controlar, ser autoritario o manipular.

9. Comprende el poder de las relaciones

Pocos líderes en el mundo han triunfado por sí solos o son incapaces de construir relaciones. Por eso muchos líderes y presidentes de empresas procuran estar en contacto permanente con sus colaboradores y salen a conocer a sus clientes, con el afán de estar cerca de sus problemas y necesidades.

10. Es destructor por definición

No es posible crear sin vernos obligados a destruir o prescindir de modelos que nos hicieron alcanzar el éxito en el pasado.

El hecho de ser excelentes en la administración impidió que muchas empresas cambiaran a tiempo. Nada se modificaba sin monitorear las tendencias del entorno. Ahora, la idea no es mejorar lo que hacemos, sino cambiar. El nombre del juego del líder no es continuidad, sino todo lo contrario, discontinuidad. Por ello construye el caos mediante sus inno-vaciones. La diferencia entre el gran líder y las demás personas es que los cambios que realiza se relacionan con aspectos fundamentales que permitan evolucionar y crear una verdadera transformación. Como reza el dicho: "Al tirar el agua, los grandes líderes tienen cuidado en no tirar al niño con ella".

11. Aplica el principio de Al Capone

Conoce bien a sus amigos pero conoce mejor a sus enemigos. El gran líder es un fanático de sus competidores, domina lo que hacen palmo a palmo. Sabe pensar como ellos y en eso sustenta su estrategia de ataque.

12. Comete muchos errores

En el cambio los errores se multiplican. Lo importante es la velocidad de reacción que se muestra ante ellos. Corregir y corregir es la clave y la razón por la que el líder monitorea el proceso. Más de una vez hemos visto que de productos fallidos surgen productos exitosos; tal es el caso del *post-it*, que empezó como un pegamento que no buscaban, pero que, al obtenerlo en el laboratorio, se indagó y se le encontró una aplicación.

13. Es un vendedor de sueños

El líder es motivado por sueños y visiones y su filosofía de trabajo no cambia. Define la estrategia mentalmente. Muchos líderes han construido sus resultados sin contar con la fotografía final completa en su inicio. La mayoría de los grandes empresarios confiesa que nunca se imaginó llegar a donde llegó, que sólo se puso en camino en pos de una ilusión, sin imaginar las dimensiones del éxito que lograrían.

14. Le fascina innovar

Lo que está hecho lo mejora y después de mejorado lo cambia y hace otra cosa aun mejor. Los jóvenes, como Bill Gates, Steve Jobs y Jack Welch, cambiaron y al hacerlo crearon otras formas de hacer negocios. Fueron brillantes innovadores de sistemas de negocios y crearon mercados que antes no existían.

15. Es fanático de la lealtad de sus clientes

El gran líder cuida lo que produce el dinero en forma recurrente: ¡el cliente! Sabe que el bien más importante que una empresa puede producir es eso, un cliente. Y lo atiende como es debido. Ofrecerle valor agregado y exceder sus expectativas es todo para él. Es un fanático recolector de quejas de sus clientes y se empeña en resolverlas. Está consciente de que un problema resuelto de un cliente es un cliente de por vida.

16. Los mejores están con él

Sabe rodearse de colaboradores inteligentes y no de seguidores. En la medida en que un ejecutivo crece en los niveles de autoridad, no es necesario que sepa más, pero sí saber quién sabe. Por consiguiente, busca personal capaz y valiente, dispuesto a jugársela. Hoy se habla del capital intelectual y de eso se rodea un buen líder dado que, en el mundo de la información, la inteligencia es el único recurso, y no el modelo de lealtad tradicional.

17. Tiene mentores

Ya mencionamos que el líder siempre cuenta con un número dos que lo respalda y lo aconseja y que, por su diferente forma de pensar, complementa sus decisiones.

18. Es apasionado

El líder es un vendedor de entusiasmo, positivismo y oportunidad. Es un trabajador incansable, nada lo limita. Puede dar todo en beneficio del objetivo que persigue. Descansa poco, parece que un motor interior lo impulsa y lo hace seguir adelante, sin importar los esfuerzos. Un ejemplo grandioso ha sido el Papa Juan Pablo II, quien con espíritu de sacrificio demuestra su convicción y su fe.

19. Es valiente

Enfrenta todo con valentía. No se da por vencido. El temor no es su compañero; por el contrario, la frialdad y la ecuanimidad son su característica más sobresaliente.

20. Tiene un sentido de urgencia

El líder siente la necesidad de continuar. No bien obtiene un resultado, busca un nuevo reto. Todo debe acabarse dentro del plazo previsto, la posposición es una pérdida, un riesgo innecesario. Sabe que los competidores no duermen buscando cómo destronarnos.

21. Fuerza los límites

Día con día aporta su capacidad máxima. Es inconformista por definición y perfeccionista por convicción. Si logra un objetivo, enseguida se orienta a lograr el próximo. Sabe que siempre hay más.

22. Es incansable

Suele dormir pocas horas. Parece que el sueño lo priva de la oportunidad de continuar con sus objetivos. El cúmulo de ideas que vienen a su mente lo mantiene alerta. Por alguna razón los grandes líderes que conozco duermen de cuatro a cinco horas, no más.

23. Es competitivo

El líder no acepta llegar en segundo lugar. Sea cual sea el ámbito en el que se desenvuelva, siempre quiere ganar y lo hace muy bien cuando cuenta con un equipo unido a él. No importa si gana por un punto, lo esencial es ser el primero. Parece construir en su mente el hábito de ganar.

24. Es un estratega

Ve más allá de los problemas. Su visión traspasa las barreras que obstaculizan el objetivo. Su mente opera en alternativas múltiples y puede ver oportunidades sin prestar atención al tamaño de la adversidad. Diseña planes estratégicos alternativos para resolver sus problemas.

25. Es un ejecutor

En la historia al líder se le recuerda por sus resultados. Obtener resultados, eso es lo único que cuenta en la carrera ejecutiva. La mente orientada a la ejecución elimina cualquier intención de postergación. Su mente estructura el proceso natural de pensamiento de un ejecutor y no el de aquel que busca culpables de la falta de resultados.

26. Escucha

El líder es un buscador de soluciones, de modo que su virtud es su vocación de escuchar, comprender y entender otros puntos de vista. Su único interés es solucionar los problemas para avanzar con mayor rapidez hacia el objetivo. Es hábil para comprender otros paradigmas, en tanto que el resto de los jefes busca ser entendido para fortalecer su imagen y poder.

27. Cuenta con un número dos

Todo gran líder cuenta con un número dos que complementa su función. La complementariedad es la clave para que un líder considere los puntos de vista de alguien que sabe cómo piensa. En la historia se observa que este número dos ha sido su pareja o un colaborador clave que recorrió con él su carrera profesional y le permitió disponer de un amplio espectro de los problemas y sus decisiones.

Consejos para ser más efectivo como líder

- Desafíe la sabiduría convencional, motive a sus colaboradores al preguntarles: "¿Qué pasaría si...? ¿Qué tal si...?". Estimule un clima de experimentación.

- Asegúrese de que sus colaboradores cuenten con los recursos humanos, económicos y físicos necesarios, así como con los conocimientos para cumplir con las metas.

- Suba a su barco a los más aptos; elimine a quienes no cumplen con el perfil. No espere a que cambien.

- Promueva los conflictos; si su gente no los confronta, es señal de que usted está perdiendo su liderazgo.

- Tenga en su equipo a personas más inteligente que usted. El mundo tecnológico y la información han rebasado a la revolución industrial, en la que el jefe era el centro del universo.

- Si desea entablar mayor comunicación, deje de lado su ego y el poder que le ofrece su investidura de jefe.

- Exíjase escuchar antes de exigir ser escuchado.

- Asegúrese de que su liderazgo avance a la misma velocidad del cambio del entorno o vivirá con tiempo prestado.

- Si desea que sus subordinados actúen con iniciativa y creatividad no castigue a quien se arriesga y comete un error.

- Cambie, no es posible conquistar nuevos territorios con mapas viejos.

- No crea en lo que le dicen, indague qué quiso decir su interlocutor con lo que expresó.

- Si a usted le gusta ganar no juegue a "no perder".

- Construya un ambiente donde todos opinen.

- Desarrolle la capacidad de síntesis para dirigir con simplicidad.

- Invierta cincuenta por ciento de su tiempo en su gente.

- Descubra la fuerza de lo pequeño. Si desarrolla la disciplina de los detalles construirá el hábito de la ejecución.

- Cuando el ritmo del cambio del entorno es mas rápido que el de su empresa, su final se acerca.

- Actúe como mariscal de campo: baje a la línea, sienta el silbido de las balas y luego tome las decisiones.

- Sea un positivista. El optimismo es el combustible para la acción. Lea los mensajes de Norman Vincent Peale en su libro *El poder del pensamiento positivo*.

- Destruya la burocracia, ella odia los cambios, le aterran la velocidad y la eficiencia.

- Estimule, inspire y energice en vez de mandar y controlar.

- Cultive la informalidad, haga sus juntas menos formales.

- Simplifique las tareas y las reuniones de trabajo y elimine los reportes complicados.

- Prepárese para los cambios inevitables que se acercan porque si no transforma su liderazgo las circunstancias lo harán.

- Invierta una hora a la semana para enterarse de lo que hace la competencia.

- Tome decisiones cincuenta por ciento más rápidas, pero póngalas en práctica diez veces más rápido.

- Dirija con el ejemplo. Sea un modelo de integridad, honestidad y valores para su equipo.

- Administre menos. Las empresas están sobreadministradas y subdirigidas.

- Construya un clima de confianza en su gente.

- Contrate a las personas que puedan hacer realidad la visión de su empresa.

- Sea un coleccionista de ideas, no crea que tiene todas las respuestas.

- Asegúrese de que todos comprendan que la mejor idea es la que triunfa.

- Nunca delegue la calidad del desempeño en nadie.

- Evite lo gradual y sea radical, sin "medias tintas".

- Aprender del fracaso es mejor que nadar en el éxito.

- No ataque las debilidades de sus competidores, los hará más fuertes.

- Olvide el pasado y ame el futuro.

- La estrategia de implantación es más importante que la misma estrategia.

- Setenta por ciento de las estrategias falla por una mala implantación.

- Revolucione, no evolucione.

- Si no está roto, rómpalo.

- Comprenda que ser líder de usted mismo antecede a su capacidad de dirigir a los demás.

- Si la gente no cree en usted, olvídese de todo lo anterior.

Sugerencias para trabajar en equipo

1. El trabajo en equipo precede al éxito del mismo.

2. Un equipo de trabajo son muchas voces con una misma visión.

3. Construya el lenguaje del "nosotros".

4. Su inspiración como líder es el recurso de energía para su equipo.

5. Provoque que cada resultado cuente para el equipo y reconózcalo.

6. Desarrolle a su gente, eso determinará la diferencia entre el éxito y el fracaso.

7. Si construye un grupo dependiente sus miembros jamás tomarán decisiones de alto riesgo.

8. Necesita construir un equipo capaz e independiente, con habilidad para trabajar en conjunto.

9. Construya una cultura de cooperación y no de competencia, de unidad y no de individualidad.

10. Aplique las cuatro claves del trabajo en equipo:

   a. Comparta la estrategia todo el tiempo y en todas las formas.

   b. Confirme que su mensaje haya quedado claro en cuanto al *qué* y el *cómo*.

   c. Construya una disciplina de ejecución.

   d. Asegúrese de que los recursos estén disponibles para que su gente los utilice.

11. Construya un equipo en el que pueda confiar y a quien no tema delegarle.

12. Enfoque a su equipo en las estrategias clave por medio de la repetición.

13. La disciplina de su grupo inicia con el respeto.

14. No aplique el mismo sistema de comunicación para todos sus colaboradores, encuentre la forma que mejor se aplique a cada uno.

15. Conozca las fortalezas y debilidades de cada miembro de su equipo.

16. Construya con su gente el código de conducta que el grupo debe respetar.

17. Reconozca en grupo los resultados individuales.

18. Construya con su grupo las estrategias para lograr los objetivos del área.

19. Negocie de manera individual los objetivos, las competencias necesarias y el sistema de compensación por el cumplimiento.

20. Aprenda a dar retroalimentación positiva que motive a las personas a la acción.

21. Diseñe un sistema de información de modo que todos la compartan y no sea un instrumento de poder.

22. Cuando un grupo trabaja unido, logra que sus resultados sean mayores que la contribución individual de cada miembro.

23. Las personas inteligentes con mentalidad competitiva son menos inteligentes cuando deben tomar decisiones en conjunto. Cultive la cooperación y el respeto.

24. Cuando un grupo está profundamente comprometido con los objetivos las ideas opuestas contribuyen a mejorar la idea final. De no ser así, se tornan en una batalla de egos. Construya en su equipo el compromiso con el objetivo común.

25. Su misión como líder es enseñar a su gente a pescar.

26. Asegúrese de que el sistema de compensación sea acorde con el desempeño sobre el que la persona tiene control.

27. Los mejores empleados son aquellos que hacen las mejores preguntas.

28. Levántese de su silla y visite la línea con frecuencia; su éxito ocurrirá en el campo, no en el escritorio.

29. Los equipos que mantienen buena relación entre ellos tratan bien a los clientes.

30. Si algunos de sus colaboradores no son confiables, no espere un clima de confianza en su grupo.

31. Sea congruente con su gente o tendrá que usar la autoridad y el poder para que cumplan con su trabajo.

32. Aprenda a dirigir *el conocimiento* de sus colaboradores, no sólo a las personas.

33. Si no puede mirar a los ojos a la gente, olvídese de dirigir.

Plan de acción para el próximo lunes

1. Analice cada una de las características del líder e identifique cuáles aplica usted regularmente.

2. Analice cada una de las características e identifique las que no aplica con regularidad.

3. Profundice en los conceptos presentados en el libro para su mayor comprensión.

4. Defina con su familia un plan de acción de cambio personal, un cambio profesional con su equipo de trabajo y un cambio profundo personal consigo mismo aplicando la mentalidad reflexiva de los líderes.

Pregúntese acerca de lo aprendido en este capítulo

❏ ¿Que puedo aplicar en mi vida **profesional** y cómo?

❏ ¿Qué puedo aplicar en mi vida **personal** y cómo?

❏ ¿Qué **cambios** debo realizar en el corto plazo?

Mapa de su perfil como líder

Al final de cada capítulo se presenta una autoevaluación que le sugiero resuelva si desea llenar la gráfica siguiente, con la cual llegará a una evaluación global de sus conductas como líder. Para ello deberá transferir las puntuaciones de cada capítulo al cuadro siguiente.

La puntuación de cada uno de los capítulos le ayudará a obtener una tendencia de las áreas en las que cuenta con más fortalezas y aquellas con más debilidades. Si observa que las puntuaciones son todas muy altas, en su análisis considere las áreas de más debilidad —los valles— mostradas en la gráfica, independientemente de la puntuación. En ese caso lo más importante son las tendencias.

Después observe su gráfica, reflexione al respecto y escriba su conclusión, definiendo un plan de acción adicional a los que aparecen en cada capítulo.

Como ya vimos, en los capítulos 1 a 5 se analiza cómo el líder debe pensar. Asimismo, en los capítulos 6 al 10 se analiza cómo el líder debe actuar.

El 11 se refiere al sentido porque en este capítulo se pretende que la persona encuentre el sentido de su vida.

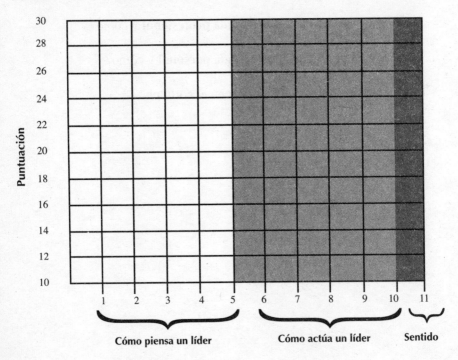

246

Analice

- ¿Qué concluye al observar la gráfica en relación con su perfil como líder?

- ¿Qué acciones necesita tomar?

Defina una fecha de inicio y finalización de sus acciones y hable al respecto con personas afines y confiables; así obtendrá una opinión más objetiva.
(Si desea mayor información, envíe sus comentarios a:
mario@ borghino.com.mx)

BIBLIOGRAFÍA

Adizes, Ichak, *Managing Corporate Life Cycles*, Prentice Hall Press, EE.UU., 1999.

Altman, Hans, *Momentos estelares del liderazgo*, Deusto, Bilbao, 1997.

Allen, David, *Getting Things Done*, Penguin Books, Nueva York, 2003.

Autry, James, *Real Power*, Riverhead Books, Nueva York, 1998.

Barker, Joel, *Future Edge*, Morrow, Nueva York, 1995.

Bennis, Warren, *Learning to Lead*, Addison Wesley, Massachusetts, 1997.

_____, *Cómo llegar a ser líder*, Norma, Colombia, 1990.

_____, *Geeks & Geezers*, Harvard Business School Press, Boston, 2002.

Benton, D.A., *Secrets Of a CEO Coach*, McGraw Hill, Nueva York, 1999.

Campbell, Federico, *La invención del poder*, Aguilar, México, 1994.

Canfield, Jack, *The Power of Focus*, Health Communications Inc., Deerfield Beach, 2000.

Cashman, Kevin, *Leadership From the Inside Out*, Executive Excellence, Utah, 1998.

Charan, Ram, *Execution*, Crown Business, Nueva York, 2002.

Choppra, Deepak, *The Seven Spiritual Laws of Success*, Amber-Allen, San Francisco, 1994.

Conner, Daryl, *Leading at the Edge of Chaos*, Wiley, Nueva York, 1998.

Drucker, Peter, *Leader of the Future*, Jossey-Bass, San Francisco, 1996

Dyer, Wayne, *The Power of Intention*, Hay-House, EE.UU., 2004.

Frankl, Viktor, *Ante el vacío existencial*, Herder, Barcelona, 1990.

———, *El hombre en busca de sentido*, Herder, Barcelona, 1985.

———, *En el principio era el sentido*, Paidos, Barcelona, 2002.

Gawain, Shakti, *Visualización creativa*, Alamah, California, 2002.

Harari, Oren, *The Leadership Secrets of Collin Powell*, McGraw-Hill, EE.UU., 2002.

Hickman, Craig, *Razón y pasión*, Grijalbo, Barcelona, 1991.

Hoffs, Annabelle, *El poder del poder*, Diana, México, 1987.

Hudson, Frederic, *The Handbook of Coaching*, Jossey-Bass, Nueva York, 1999.

Johnson, Spencer, *Sí o no*, Ediciones Urano, Barcelona, 2003.

Jordan, Michael, *Mi filosofía del triunfo*, Selector, México, 1995.

Kettl, Donald, *Team Bush*, McGraw-Hill, EE.UU., 2003.

Knaus, William, *Do it Now*, Wiley, Nueva York, 1998.

Kotter, John, *La verdadera labor de un líder*, Norma, Colombia, 1999.

———, *Leading Change*, Harvard Business School Press, EE.UU., 1996.

Kouzes, James, *Credibility*, Jossey-Bass, Nueva York, 1993.

———, *The leadership challenge*, Jossey-Bass, San Francisco, 1987.

Lama, Dalai, *Ethics for the New Millenium*, Riverhead Books, Nueva York, 1999.

———, *The Art of Happiness*, Riverhead Books, Nueva York, 1998.

Marsh, Henry, *The Breakthrough Factor*, Simon & Schuster, Nueva York, 1997.

Maxwell, John, *The 21 Laws of Leadership*, Thomas Nelson Publisher, Nashville, 1998.

McFarland, Lynne, *21st Century Leadership*, Leadership Press, Los Ángeles, 1993.

McGraw, Philip, *Self Matters*, Free Press, Nueva York, 2001.

———, *Life Strategies*, Hyperion, Nueva York, 1999.

Morgensterns, Julie, *Time Managemente From Inside Out*, Owl Books, Nueva York, 2004.

Murphy, Emmett, *Leadeship IQ*, Wiley, Nueva York, 1996.

Nair, Keshavan, *A Higher Standard of Leadership*, Bert-Koehler, Emeryville, CA, 1994.

Nanus, But, *Visionay Leadership*, Jossey-Bass, San Francisco, 1992.

Nutt, Paul, *Why Decisions Fail*, Berrett-Koheler, San Francisco, 2002.

O'Neil, John, *The Paradox of Success*, Tarcher Putnam, Los Ángeles, 1993.

Ohmae, Kenichi, *La mente del estratega*, McGraw Hill, México, 1983.

Pitino, Rick, *Success is a Choice*, Broadway Books, Nueva York, 1997.

Rimpoché, Sogyal, *Destellos de sabiduría*, Urano, Barcelona, 1996.

Sennet, Richard, *La corrosión del carácter*, Anagrama, Barcelona, 2000.

Tracy, Brian, *Tráguese ese sapo*, Urano, Barcelona, 2003.

Ulrich, Dave, *Results Based Leadership*, Harvard Business School Press, EE.UU., 1999.

Warren, Rick, *Una vida con propósito*, Editorial Vida, Miami, Florida, 2003.

Weisinger, Hendrie, *Emotional Intelligence at Work*, Jossey-Bass, San Francisco, 1998.

Willingham, Ron, *The People Principle*, St. Martin Press, Nueva York, 1997.

Zand, Dale, *The Leadership Triad*, Oxford, Nueva York, 1997.

Información sobre los servicios de Borghino Consultores

La organización Borghino Consultores tiene treinta años de experiencia en las áreas de consultoría y capacitación en México, Sudamérica y España. Imparte seminarios a cientos de personas al año, tanto en México como en otros países.

Nuestra organización ofrece servicios en cuatro áreas:

1. Consultoría en alta dirección
2. Conferencias en alta dirección
3. Cursos de capacitación en temas gerenciales
4. Cursos con metodología experiencial en nuestros centros de aprendizaje

Trabajamos con un equipo de consultores profesionales que imparte nuestros cursos de capacitación donde se requiera.

1. Consultoría en alta dirección

a. Implantación y diseño de la estrategia de su organización
b. *Coaching* para el equipo de alta dirección
c. Análisis de oportunidades y nichos de mercado
d. Administración en una página (Metodología del doctor Riaz Khadem)

2. Conferencias en alta dirección

a. El reto del cambio
b. Liderazgo del siglo XXI
c. Cómo evitar la incompetencia ejecutiva

d. Cómo integrar un equipo de alta dirección

e. Conferencias con temas específicos para su empresa

3. Cursos de capacitación

a. Gerencia por resultados

b. Las leyes del liderazgo personal

c. Cómo adaptarse al cambio (*bestseller Quién se llevó mi queso*, doctor Spencer Jonson)

d. Conversaciones cruciales (*bestseller Crucial Conversations*, Joseph Grenny *et al.*)

e. Alianzas estratégicas

f. Desarrollo integral en ventas

g. Técnicas en ventas de servicios

4. Cursos de aprendizaje experiencial

a. Formación de un equipo de alto desempeño

b. Liderazgo e integración de grupo

c. Desarrollo de su potencial personal

Todos los programas se imparten con metodología experiencial en nuestros Centros de Capacitación Experiencial.

José Ma. Rico núm. 121- 402
México 03100, D.F.
Teléfono: 5534-1925
Correo electrónico: mario@borghino.com.mx
Página web: www.borghino.com.mx

El arte de dirigirse y dirigir
de Mario Borghino
se terminó de imprimir en **Marzo** 2007 en
Comercializadora y Maquiladora Tucef, S.A. de C.V.
Venado Nº 104, Col. Los Olivos
C.P. 13210, México, D. F.